SHAKESPEARE

MACBETH

Tradução de Beatriz Viégas-Faria

www.lpm.com.br

L&PM POCKET

Coleção **L&PM** POCKET, vol.203

Texto de acordo com a nova ortografia.

Título do original: *Macbeth*

Primeira edição na Coleção **L&PM** POCKET: abril de 2000
Esta reimpressão: maio de 2025

Capa: Ivan Pinheiro Machado. *Ilustração*: iStock
Tradução: Beatriz Viégas-Faria
Revisão: Renato Deitos

ISBN 978-85-254-1024-5

S527m Shakespeare, William, 1564-1616.
Macbeth / William Shakespeare; tradução de Beatriz Viégas-Faria. – Porto Alegre: L&PM, 2025.
128 p. ; 18 cm – (Coleção L&PM POCKET)

1. Ficção inglesa-teatro-tragédias. I. Título. II. Série.

CDD 822.33T5-6
CDU 820 Shak

Catalogação elaborada por Izabel A. Merlo, CRB 10/329.

PEDIDOS & DEPTO. COMERCIAL: vendas@lpm.com.br
FALE CONOSCO: info@lpm.com.br
www.lpm.com.br

Impresso no Brasil
Outono de 2025

VIDA E OBRA

William Shakespeare (1564-1616) nasceu em Stratford-upon-Avon, Inglaterra, em 23 de abril de 1564, filho de John Shakespeare e Mary Arden. John Shakespeare era um rico comerciante, além de ter ocupado vários cargos da administração da cidade. Mary Arden era oriunda de uma próspera família. Pouco se sabe da infância e da juventude de Shakespeare, mas imagina-se que tenha frequentado a escola primária King Edward VI, onde teria aprendido latim e literatura. Em dezembro de 1582, Shakespeare casou-se com Ann Hathaway, filha de um fazendeiro das redondezas. Tiveram três filhos.

A partir de 1592, os dados biográficos são mais abundantes. Em março, estreou no Rose Theatre de Londres uma peça chamada *Harry the Sixth*, de muito sucesso, que foi provavelmente a primeira parte de *Henrique VI*. Em 1593, Shakespeare publicou seu poema *Vênus e Adônis* e, no ano seguinte, o poema *O estupro de Lucrécia*. Acredita-se que, nessa época, Shakespeare já era um dramaturgo (e um ator, já que os dramaturgos na sua maior parte também participavam da encenação de suas peças) de sucesso. Em 1594, após um período de poucas montagens em Londres, devido à peste, Shakespeare juntou-se à trupe de Lord Chamberlain. Os dois mais célebres dramaturgos do período, Christopher Marlowe (1564-1593) e Thomas Kyd (1558-1594), respectivamente autores de

Tamburlaine, o judeu de Malta e *Tragédia espanhola*, morreram por esta época, e Shakespeare encontrava-se pela primeira vez sem rival.

Os teatros de madeira elisabetanos eram construções simples, a céu aberto, com um palco que se projetava à frente, em volta do qual se punha a plateia, de pé. Ao fundo, havia duas portas, pelas quais atores entravam e saíam. Acima, uma sacada, que era usada quando tornava-se necessário mostrar uma cena que se passasse em uma ambientação secundária. Não havia cenário, o que abria toda uma gama de versáteis possibilidades, já que, sem cortina, a peça começava quando entrava o primeiro ator e terminava à saída do último, e simples objetos e peças de vestuário desempenhavam importantes funções para localizar a história. As ações se passavam muito rápido. Devido à proximidade com o público, trejeitos e expressões dos atores (todos homens) podiam ser facilmente apreciados. As companhias teatrais eram formadas por dez a quinze membros e funcionavam como cooperativas: todos recebiam participações nos lucros. Escrevia-se, portanto, tendo em mente cada integrante da companhia.

Em 1594, Shakespeare já havia escrito as três partes de *Henrique VI*, *Ricardo III*, *Tito Andrônico, Dois cavalheiros de Verona*, *Trabalhos de amor perdidos, A comédia dos erros* e *A megera domada*. Em 1596, morreu o único filho homem de Shakespeare, Hamnet. Logo em seguida, ele escreveu a primeira das suas peças mais famosas, *Romeu e Julieta*, à qual seguiram-se *Sonho de uma noite de verão*, *Ricardo II* e *O mercador de Veneza. Henrique IV*, na qual aparece Falstaff, seu mais famoso personagem cômico, foi escrita entre 1597-1598. No Natal de 1598, a companhia construiu uma nova casa de espetáculos na margem sul do Tâmisa. Os custos foram divididos pelos diretores da companhia, entre os quais Shakespeare, que provavelmente já tinha alguma fortuna. Nascia o Globe Theatre. Também é de 1598 o reconhecimento de Shakespeare como o mais importante dramaturgo de língua inglesa: suas peças, além de atraírem milhares de espectadores para os teatros de madeira, eram impressas e vendidas sob a forma de livro – às vezes até mesmo pirateados. Seguiram-se *Henrique V*, *Como gostais*, *Júlio César* – a primeira das suas tragédias da maturidade –, *Troilo e Créssida*, *As alegres matronas de Windsor*, *Hamlet* e *Noite de Reis*. Shakespeare escreveu a maior parte dos papéis principais de suas tragédias para Richard Burbage, sócio e ator, que primeiro se destacou com *Ricardo III*.

Em março de 1603, morreu a rainha Elisabeth. A companhia havia encenado diversas peças para ela, mas seu sucessor, o rei James, contratou-a em caráter permanente, e ela tornou-se conhecida como King's Men – Homens do Rei. Eles encenaram diversas vezes na corte e prosperaram financeiramente. Seguiram-se *Bem está o que bem acaba* e *Medida por medida* – suas comédias mais sombrias –, *Otelo*, *Macbeth*, *Rei Lear*, *Antônio e Cleópatra* e *Coriolano*. A partir de 1601, Shakespeare escreveu menos. Em 1608, a King's Men comprou uma segunda casa de espetáculos, um teatro privado em Blackfriars. Nesses teatros privados, as peças eram encenadas em ambientes fechados, o ingresso custava mais do que nas casas públicas de espetáculos, e o público, consequentemente, era mais seleto. Parece ter sido nessa época que Shakespeare aposentou-se dos palcos: seu nome não aparece nas listas de atores a partir de 1607. Voltou a viver em Stratford, onde era considerado um dos mais ilustres cidadãos. Escreveu então quatro tragicomédias, subgênero que começava a ganhar espaço: *Péricles*, *Cimbelino*, *Conto de inverno* e *A tempestade*, sendo que esta última foi encenada na corte em 1611. Shakespeare morreu em Stratford em 23 de abril de 1616. Foi enterrado na parte da igreja reservada ao clero. Escreveu ao todo 38 peças, 154 sonetos e uma variedade de outros poemas. Suas peças destacam-se pela grandeza poética da linguagem, pela profundidade filosófica e pela complexa caracterização dos personagens. É considerado unanimemente um dos mais importantes autores de todos os tempos.

MACBETH

NOMES DAS PERSONAGENS

Duncan, Rei da Escócia

Malcolm **Donalbain**	seus filhos
Macbeth **Banquo**	generais do exército do Rei
Macduff **Lennox** **Ross** **Menteith** **Angus** **Caithness**	nobres cavalheiros da Escócia

Fleance, filho de Banquo

Siward, Conde de Northumberland, general das forças inglesas

O jovem **Siward**, seu filho

Seyton, um oficial a serviço de Macbeth

Menino, filho de Macduff

Um Médico inglês

Um Médico escocês

Um Capitão

Um Soldado

Um Porteiro

Um Velho

Três Assassinos

Lady Macbeth

Lady Macduff

Dama de companhia a serviço de Lady Macbeth

Hécate

Três Bruxas

Aparições

Lordes, Cavalheiros, Oficiais, Soldados, Serviçais e Mensageiros

PRIMEIRO ATO

CENA I

No pântano.

Trovões e relâmpagos. Entram três Bruxas.

Primeira bruxa – Quando nos encontraremos as três, uma próxima vez? Ao som dos trovões, à luz dos relâmpagos, em meio à chuvarada?

Segunda bruxa – Quando o tumulto tiver passado, quando estiver perdida e vencida a batalha.

Terceira bruxa – Isso se dará antes do pôr do sol.

Primeira bruxa – Em que lugar?

Segunda bruxa – No pântano.

Terceira bruxa – Onde nos encontraremos com Macbeth.

Primeira bruxa – Não deixarei de comparecer, cinzento gato meu.

Todas – Estou indo. Meu sapo está a coaxar:
O belo é podre, e o podre, belo sabe ser;
Ambos pairam na cerração e na imundície do ar.

[*Saem.*]

CENA II

Acampamento perto de Forres.

Toque de alarma. Entram o Rei Duncan, Malcolm, Donalbain e Lennox, com Serviçais, deparando-se com um Capitão ensanguentado.

Duncan – Que homem ensanguentado é esse? Dado o estado em que se encontra, poderá relatar-nos, da revolta, as últimas novas.

Malcolm – Esse é o Sargento, que, como bom e valoroso soldado, lutou contra minha captura. – Salve, corajoso amigo! Dize ao Rei o que sabes da refrega, no ponto em que dela te retiraste.

Capitão – Duvidosa era a situação, como a cena de dois nadadores exaustos que se agarram um ao outro e afogam a própria arte. O impiedoso Macdonwald (notável por ser um rebelde, pois para isso as sempre multiplicadas vilanias da Natureza concentram-se sobre sua pessoa), esse impiedoso Macdonwald, das Ilhas Ocidentais, encontra-se bem suprido de infantaria e cavalaria, todos selvagens soldados irlandeses; e, com a Sorte sorrindo-lhe sobre suas presas assassinadas, amontoadas e amaldiçoadas, apresentou-se ele como se fosse a rameira de um rebelde. Mas isso tudo provou ser muito pouco, pois o bravo Macbeth (e ele bem merece ser chamado assim), desdenhando a Sorte do outro, brandiu sua lâmina de aço, e esta manchou-se de sangrentas execuções (como a queridinha do Heroísmo), cavando e esculpindo seu próprio caminho, até encontrar-se Macbeth face a face com o escravo, de quem ele jamais apertou a mão, de quem ele não se despediu até depois de ter-lhe aberto o corpo desde a barriga até o queixo e de ter-lhe cravado a cabeça em nossas ameias.

Duncan – Ah, meu valente primo, notável cavalheiro!

Capitão – Como quando o sol prende seus reflexos numa armadilha, e daí surgem tempestades de afundar navios e por isso reboam trovoadas terríveis, assim também, da mesma nascente de onde parecia-nos que chegava o consolo, avoluma-se o desconsolo. Mas, prestai atenção, Rei da Escócia, pois nem bem a Justiça, armada de Heroísmo, havia obrigado aquela infantaria veloz a confiar-se em seus calcanhares, e já o Lorde dos noruegueses, vendo ali uma vantagem, munido de luzidias armas e com novas tropas, dava início a um novo ataque.

Duncan – E isso não desanimou nossos capitães, Macbeth e Banquo?

Capitão – Sim, como pardaizinhos desanimam as águias; ou como uma lebre desanima o leão. Para dizer a verdade, devo relatar que eles pareciam canhões supercarregados, prontos para tiros duplos; assim foi que eles em dobro redobraram os golpes desferidos sobre o inimigo. Só o que não sei dizer é se pretendiam banhar-se naquelas fedorentas feridas ou produzir massacre tão memorável quanto um gólgota. Agora sinto-me fraco; os cortes em minha carne clamam por socorro.

Duncan – Tuas palavras combinam muito bem contigo, assim como teus ferimentos. Ambos têm laivos de honra. Vão buscar-lhe os médicos.

[*Entram Ross e Angus.*]

Quem vem chegando?

Malcolm – O valoroso Barão Ross.

Lennox – Quanta pressa transparece em seu olhar! Assim deve ser a aparência de quem aparece para falar coisas as mais estranhas.

Ross – Deus salve o Rei!

Duncan – De onde estás chegando, valoroso Barão?

Ross – De Fife, meu nobre Rei, onde as bandeiras norueguesas insultam o céu e tremulam sobre a nossa gente, gelada de pavor. O Lorde da Noruega em pessoa, com números sem conta de soldados, assistido pelo mais desleal dos traidores, o Barão de Cawdor, deu início a um conflito desolador, até que Macbeth, aquele noivo de Belona, a Deusa da Guerra, chegou em sua armadura, confrontou-o e provou ser um homem de seu próprio valor, ponta de lança contra ponta de lança, braço rebelde contra um outro braço, reprimindo seu espírito pródigo. E, para concluir, a vitória incidiu sobre nós.

Duncan – Grande felicidade!

Ross – Esse agora Sweno, o Rei da Noruega, suplica por um acordo de paz. Mas não lhe concedemos nem mesmo o direito de enterrar seus homens até que ele desembolsasse, na Ilha de Saint Colme, dez mil dólares, para cobrir nossos gastos em geral.

Duncan – Nunca mais esse Barão de Cawdor trairá a afeição que trazemos em nosso coração. Vão, anunciem-lhe sua morte para logo, e, com o título que lhe pertencia, acolham Macbeth.

Ross – Verei que isso seja feito.

Duncan – O que ele perdeu, o nobre Macbeth ganhou.

[*Saem.*]

CENA III

Na charneca.

Trovões. Entram as três Bruxas.

Primeira bruxa – Onde estiveste, irmã?

Segunda bruxa – Matando porcos.

Terceira bruxa – E tu, irmã, por onde andavas?

Primeira bruxa – A mulher de um marinheiro tinha castanhas em seu colo, e mastigava, e mastigava, e mastigava. Me dá as castanhas, disse eu. Vai embora daqui, sua bruxa, me gritou a sarnenta, mais que bem nutrida de sobras. O marido fora-se para Aleppo, capitão do navio mercante *Tiger*.

Numa peneira eu vou lá.
Velejando, velejando...
Vou, como um rato sem rabo!
Velejando, velejando...

Segunda bruxa – Eu te presentearei com um vento que te impulsione.

Primeira bruxa – Do tipo artístico.

Terceira bruxa – E eu te presentearei com outro.

Primeira bruxa – Por minha própria conta, tenho todos os outros e mesmo os portos onde eles sopram, todos os quadrantes que eles visitam e que constam da carta dos marinheiros. Farei com que ele seque aos pouquinhos, até transformá-lo numa palha. O sono, nem de noite nem de dia, cairá sobre suas pálpebras. Viverá ele como homem amaldiçoado. Sofrerá de fadiga sete noites por semana, oitenta e uma semanas, quando então emagrecerá, definhará, consumir-se-á. Embora não seja possível fazer seu navio extraviar-se, posso sacudi-lo com tempestades. Olhem o que trago comigo.

Segunda bruxa – Me mostra! Me mostra!

Primeira bruxa – Aqui tenho o polegar de um marinheiro, piloto de embarcação naufragada em sua rota de volta para casa.

[*Dentro, ouve-se o rufar de um tambor.*]

Terceira bruxa – É um tambor, um tambor! Macbeth aproxima-se.

Todas – As Estranhas Irmãs Bruxas do Destino, de mãos dadas, viajando a uma enorme velocidade por terras e mares, andam assim, rodeando e rodeando, volteando e volteando, três vezes para ti, três vezes para mim, e três vezes mais, nove vezes ao todo. Paz, enfim: o encanto se conclui assim.

[*Entram Macbeth e Banquo.*]

Macbeth – Tão feio e tão lindo, dia assim eu nunca tinha visto.

Banquo – A que distância, em sua avaliação, senhor, estamos de Forres? O que são essas figuras, tão murchas e claudicantes e tão fantásticas e desvairadas em seus trajes a ponto de não parecerem habitantes da Terra e, no entanto, podemos ver que estão sobre a terra? Vivem, vocês? Ou seriam vocês alguma coisa que não admite perguntas humanas? Vocês parecem entender-me, logo levando, como fazem, cada uma por sua vez, seu dedo encarquilhado aos lábios emaciados. Vocês têm toda a aparência de mulheres e, no entanto, suas barbas proíbem-me de interpretar suas figuras como tal.

Macbeth – Falem, se é que sabem falar: o que são vocês?

Primeira bruxa – Salve, Macbeth; saudações a vós, Barão de Glamis.

Segunda bruxa – Salve, Macbeth; saudações a vós, Barão de Cawdor.

Terceira bruxa – Salve Macbeth, aquele que no futuro será Rei.

Banquo – Meu bom senhor, por que sobressalta-se? Por que parece o senhor temer palavras que soam tão auspiciosas? Em nome da verdade, é fantasioso o senhor ou é realmente aquele que mostra ser por fora? – Meu nobre companheiro vocês saúdam com evidente graça e com poderoso vaticínio de nobres haveres e de esperanças de realeza; tanto que ele parece estar com isso extasiado. A mim, vocês não dirigiram a palavra. Se sabem examinar as sementes do Tempo e dizer qual grão vingará e qual jamais será broto, falem então comigo, que não suplico por seus favores nem os temo, assim como não temo o seu ódio.

Primeira bruxa – Salve!

Segunda bruxa – Salve!

Terceira bruxa – Salve!

Primeira bruxa – Menos importante que Macbeth, e mais poderoso.

Segunda bruxa – Menos feliz e, no entanto, muito mais feliz.

Terceira bruxa – Filhos teus serão reis, embora tu não o sejas. Assim sendo... Salve, Macbeth! E salve, Banquo!

Primeira bruxa – Banquo e Macbeth, salve!

Macbeth – Fiquem, vocês que se pronunciam de modo tão imperfeito. Digam-me mais: com a morte de Sinel, eu sei que sou o Barão de Glamis, mas como é possível eu ser Barão de Cawdor? O Barão de Cawdor está vivo, um próspero cavalheiro. Quanto a eu ser Rei, esta é uma probabilidade na qual não se pode acreditar, mais incrível ainda que eu receber o título de Cawdor. Digam de onde vocês têm essa estranha informação, e por que razão, neste maldito pântano, vêm vocês interceptar nosso caminho com tais saudações proféticas? Falem, estou mandando.

[*As Bruxas desaparecem.*]

Banquo – A terra tem em si bolhas de ar, assim como a água, e essas figuras-bolhas são da terra e da água. Para onde sumiram-se elas?

Macbeth – Sumiram em pleno ar, e o que parecia corpóreo derreteu-se, como a respiração no vento. Bem queria eu que elas tivessem ficado.

Banquo – Agora que conversamos sobre elas, estavam realmente aquelas coisas aqui? Ou será que não comemos daquela raiz insana, que tem o poder de aprisionar a razão?

Macbeth – Filhos teus serão reis.

Banquo – O senhor será rei.

Macbeth – E também Barão de Cawdor; não foi isso o que elas disseram?

Banquo – Com essa mesma entonação, com essas mesmas palavras. – Quem vem lá?

[*Entram Ross e Angus.*]

Ross – O Rei recebeu com júbilo, Macbeth, as novas de teu sucesso; e, quando ele descobre que arriscaste tua pessoa na luta contra os rebeldes, sua admiração e seus louvores entram em conflito, pois pergunta-se ele, quais devem ser teus e quais devem ser dele? Com isso ele silencia, e revisa o resto daquele mesmo dia. Descobre-te em meio às audazes fileiras norueguesas, em nada amedrontado com aquilo que tu mesmo transformaste em estranhas imagens da morte. Tão rápido quanto voam as notícias, chegavam os mensageiros em seus cavalos alados, um após outro, e todos traziam elogios à tua pessoa por teres tão magnanimamente defendido o Reino, e esses elogios iam-se derramando perante o Rei.

Angus – Fomos enviados para trazer-te os agradecimentos de nosso Rei e Mestre, mas não para pagar-te, apenas para solenemente conduzir-te à presença de Sua Majestade.

Ross – E, à guisa de sinal, pois receberás depois honra maior, pediu-me o Rei que, em seu nome, te nomeasse Barão de Cawdor. Por essa honra, saudações ao mui valoroso Barão, pois o título agora te pertence.

Banquo – Ora, pode pois o Demônio falar a verdade?

Macbeth – O Barão de Cawdor está vivo. Por que querem me ver trajado em roupas emprestadas?

Angus – Aquele que foi o Barão ainda está vivo, sim, mas essa é uma vida pendente de severo julgamento, vida que ele merece perder. Se ele estava mancomunado com os homens da Noruega, ou alinhou-se com os revoltosos, prestando-lhes ajuda por meios secretos e vantagens, ou se pelos dois lados empenhou-se ele na destruição de seu país, isso eu desconheço. Todavia, máximas traições, confessadas e provadas, destituíram-no.

Macbeth – Glamis, e Barão de Cawdor. O mais importante ainda está por vir. – Agradeço-lhes terem se dado a esse trabalho. – Não tens esperanças de que teus filhos venham a ser Reis, quando aquelas figuras que me concederam o Baronato de Cawdor prometeram a eles nada menos que a Coroa?

Banquo – Essa sólida família real pode ainda levá-lo a ascender ao trono, senhor, além de fazê-lo Barão de Cawdor. Mas é estranho, porque muitas vezes, no intuito de conduzir-nos até a destruição, os instrumentos de Satã contam-nos verdades, cativam-nos com insignificâncias claramente honestas, só para trair-nos em consequências as mais profundas. – Primos, uma palavrinha, é o que vos peço.

Macbeth – Duas verdades foram ditas, como alegre Prólogo ao prometido e imperioso Ato de imperial tema. – Agradeço-vos, cavalheiros. – Essa sedutora, sobrenatural proposta não pode ser maléfica; não pode ser decente. E se for maléfica? Por que me deu um sinal de sucesso futuro, inaugurando-o com uma verdade? Sou o Barão de Cawdor. E se for decente? Por que me rendo a tal sugestão, cuja horrível imagem descabela-me e incita meu coração sereno a escoicear minhas costelas, contra os costumes da Natureza? Os temores do presente são menores que as horríveis figuras da imaginação. Meu pensamento, este que em si acolhe um assassínio não mais que fantasioso, sacode de tal maneira o reino de minha condição humana e única, que toda ação fica asfixiada em conjeturas, e nada mais existe, a não ser o que não existe.

Banquo – Observai, como nosso parceiro está absorto em pensamentos, por eles arrebatado.

Macbeth – Se a Sorte de mim fizer Rei, então a Sorte poderá coroar-me sem que em prol disso eu precise agir.

Banquo – Novíssimas honras caem sobre ele, à semelhança de nossas roupas novas: aderem ao corpo não por causa do molde, mas em função do uso.

Macbeth – Aconteça o que acontecer, o tempo e as horas sempre chegam ao fim, mesmo do dia mais duro dentre todos os dias.

Banquo – Meu mui digno Macbeth, aqui estamos, à sua disposição.

Macbeth – Tende paciência comigo. Meu cérebro embotado esteve ocupando-se de coisas há muito esquecidas. Gentis cavalheiros, vossa diligência encontra-se dentro de mim escriturada, em lugar onde posso, todos os dias, ao virar de uma folha, ler sobre ela. – Vamo-nos, ter com o Rei. Pensa sobre o que acaba de acontecer. Mais tarde, havendo este ínterim nos auxiliado em pesar os fatos, vamos abrir nossos corações um ao outro.

Banquo – Com prazer.

Macbeth – Até então, já falamos o suficiente. – Vinde, amigos.

[*Saem.*]

CENA IV

Forres. Um aposento no palácio.

As trombetas tocam uma fanfarra. Entram o Rei Duncan, Lennox, Malcolm, Donalbain e Serviçais.

Duncan – Cawdor já foi executado? Os notáveis que disso encarregaram-se ainda não voltaram?

Malcolm – Meu Soberano, eles ainda não retornaram. Mas falei com uma pessoa que o viu morrer e relatou-me que ele, com toda a franqueza, confessou seus atos de traição, implorou pelo perdão de Vossa Alteza e mostrou-se deveras arrependido. Nada do que ele fez em sua vida foi tão apropriado quanto esse despedir-se dela. Morreu ele, como alguém que, letrado em sua própria morte, tornara-se erudito para jogar fora o seu bem mais precioso, como se fora este uma ninharia que não merecesse maiores cuidados.

Duncan – Não existe arte pela qual se possa adivinhar o caráter de um homem só em observando-lhe a fisionomia. Ele foi um cavalheiro, e nele depositava eu absoluta confiança.

[*Entram Macbeth, Banquo, Ross e Angus.*]

Ó ilustríssimo primo, o pecado de minha ingratidão ainda agora pesa em minha alma. Estás tão adiantado à nossa frente que mesmo as mais velozes asas da recompensa parecem lentas para te alcançar. De meu agrado seria que fosses menos merecedor, pois, só assim, tanto os agradecimentos quanto a paga proporcionais aos teus atos eu teria para te oferecer. Resta-me dizer isto: mais te é devido, por mais que tudo te seja pago.

Macbeth – Meus serviços, e a lealdade que vos devo, ao cumprirem com seu dever, pagam-se a si mesmos. À Vossa Alteza compete receber o que é de nossa competência, e a nós compete cumprir com nossas obrigações para com vosso trono, o Estado, as crianças e os servidores, aqueles que fazem precisamente o que deles é esperado, ao fazerem tudo do modo mais seguro para assim assegurar o vosso amor e a vossa honra.

Duncan – Bem-vindo sejas. Dei início ao teu plantio, e colocarei todo o meu empenho em te ver crescido e viçoso. Meu nobre Banquo, que não fizeste por merecer menos, tampouco deve-se deixar de alardear os teus feitos. Deixa-me abraçar-te, prendê-lo perto do meu coração.

Banquo – Se em vosso coração eu crescer e vicejar, vossa será a colheita.

Duncan – Minhas alegrias, frutíferas, luxuriantes em sua plenitude, buscam esconder-se em gotinhas de contrição. – Filhos, parentes, Barões, e vocês, cujas posições são deste trono as mais próximas, façam-se disto sabedores: estabeleceremos o nosso Estado nos braços de nosso primogênito, Malcolm, a quem nomeamos doravante Príncipe de Cumberland. Essa honra não deve fazer-se desacompanhada, não deve ele dela investir-se sozinho; pelo contrário, que os símbolos de nobreza iluminem, como estrelas, todos os que são deles merecedores. Para Inverness, avante! – E assim cresce nossa dívida para contigo.

Macbeth – O mais é trabalho penoso, todo e qualquer esforço que não for empregado em prol de vós. Quero eu mesmo ser o arauto de vossa chegada, e assim fazer de minha esposa extasiada ouvinte. Portanto, humildemente despeço-me.

Duncan – Meu valoroso Cawdor.

Macbeth – [*À parte*] Príncipe de Cumberland! Este é um degrau que devo galgar; do contrário, tropeço, pois ele se encontra em meu caminho. Estrelas, escondam o seu brilho; não permitam que a luz veja meus profundos e escuros desejos. Que o olho se feche ao movimento da mão; e, no entanto, que aconteça! Que aconteça aquilo que o olhar teme quando feito está o que está feito para ser visto.

[*Sai.*]

Duncan – É verdade, valoroso Banquo: ele é homem de grande valentia, e saciado estou com os elogios que a ele se teceram: para mim, são um banquete. Tratemos de segui-lo, a esse cuja atenção e dedicação adiantaram-se a nós, a fim de preparar nossas boas-vindas. É um parente sem igual.

[*As trombetas tocam uma fanfarra. Eles saem.*]

CENA V

Inverness. Um aposento no castelo de Macbeth.

Entra a esposa de Macbeth, sozinha, uma carta nas mãos.

Lady Macbeth – *Encontraram-me elas no dia do sucesso, e fiquei sabendo, pelos mais perfeitos relatos, que elas têm em si mais do que mera, mortal sabedoria. Quando me vi ardendo no desejo de indagar-lhes mais, elas se fizeram ar e nele desapareceram. Quedava-me eu ainda extasiado por tal maravilha quando chegaram mensageiros do Rei, saudando-me todos como Barão de Cawdor, o mesmo título com que antes haviam me saudado as Estranhas Irmãs, quando então as três apresentaram-me ao meu futuro com um Salve o Rei Que Serás. Isso pensei por bem contar-te (minha adorada parceira na grandeza), para que não se passassem em branco os teus direitos de regozijo, para que não ignores as grandezas que a ti estão prometidas. Acolhe isso em teu coração, e recebe minhas despedidas.*

Já eras Glamis, e agora também és Cawdor, e serás o que te foi prometido. E, no entanto, amedronta-me tua natureza: tão plena é ela do leite da bondade humana que não te permitirá tomar o primeiro atalho. Queres ser grande, e para isso não te falta ambição, mas careces da maldade que deve acompanhar essa ambição. Deves estar desejando de um modo sagrado aquilo que desejas tanto. Não queres jogar sujo, e mesmo assim desejas vencer de modo indevido. Desejas ter, meu grande Glamis, a coroa que grita que assim deves agir se queres tê-la. E desejas também aquilo que temes fazer, e teu temor é maior do que teu desejo de que tal ato pudesse ser omitido. Apressa-te em vir para cá, e que eu possa em teus ouvidos derramar meu inebriante vigor, e que eu possa, com a ousadia de minha língua, açoitar tudo o que se interpõe entre tua pessoa e o círculo de ouro com o qual parece terem te coroado o Destino e o auxílio sobrenatural.

[*Entra um Mensageiro.*]

Que notícias me trazes?

MENSAGEIRO – O Rei vem a esta casa hoje à noite.

LADY MACBETH – Estás louco em dizer tal coisa. Pois não está com ele o teu Amo? Fosse verdade, ele teria me avisado, para que se fizessem os preparativos.

MENSAGEIRO – Por favor, senhora, é verdade: nosso Barão está a caminho. Um de meus colegas veio na frente e aqui chegou, quase morto de falta de ar, com fôlego só para transmitir a mensagem.

LADY MACBETH – Cuidem muito bem dele, pois que ele nos traz ótimas notícias.

[*Sai o Mensageiro.*]

Está rouco o corvo que grasna a entrada fatal de Duncan em minhas muralhas. – Vinde vós, espíritos que sabem escutar os pensamentos mortais, liberai-me aqui de meu sexo e preenchei-me, da cabeça aos pés, com a mais medonha crueldade, até haver ela de mim tomado conta. Que o meu sangue fique mais grosso, que se obstrua o acesso, a passagem, para o remorso, que nenhuma visitação compungida da Natureza venha perturbar meu feroz objetivo ou estabelecer mediação entre este meu objetivo e seu efeito. Vinde vós aos meus seios de mulher e sugai meu leite, que agora é fel, vós, espíritos servis e assassinos, seja onde for que, em vossa invisível matéria, atendeis às vis turbulências da Natureza. Vem, Noite espessa, e veste a mortalha dos mais pardacentos vapores do Inferno, que é para minha fina afiada faca não ver a ferida que faz, que é para o Céu não poder espiar através da coberta de escuridão a tempo de gritar "Pare, pare"!

[*Entra Macbeth.*]

Grande Glamis, valoroso Cawdor, e maior que ambos no título com que serás por todos saudados futuramente, tuas cartas transportaram-me para além deste tempo presente de ignorância, e agora eu sinto o tempo futuro neste mesmo instante.

Macbeth – Meu amor adorado, Duncan chega hoje à noite.

Lady Macbeth – E até quando fica ele aqui?

Macbeth – Até amanhã, segundo os planos dele.

Lady Macbeth – Ah, nunca, jamais o sol verá esse amanhã. Teu rosto, meu Barão, é como se fosse um livro, onde os homens podem ler estranhas matérias. Para enganar o tempo, compõe-te de acordo com o momento; ostenta boas-vindas em teu olhar, em tua mão, em tua língua. Com a aparência de inocente flor, sê a serpente sob esse disfarce. Esse que está chegando deve ser bem recebido e bem tratado. E tu deves colocar sob minha incumbência o grande empreendimento desta noite, que nos trará, a todas as nossas noites e dias por vir, controle inconteste, único, domínio soberano.

Macbeth – Depois conversaremos mais sobre isso.

Lady Macbeth – Trata apenas de levantar os olhos com expressão desanuviada. Sempre é mostrar medo, alterar a fisionomia. Deixa o resto comigo.

[*Saem.*]

CENA VI

Em frente ao castelo de Macbeth.

Oboés e tochas. Entram o Rei Duncan, Malcolm, Donalbain, Banquo, Lennox, Macduff, Ross, Angus e Serviçais.

Duncan – Este Castelo tem localização das mais aprazíveis. O ar daqui é revigorante e doce, atraente aos nossos sentidos humanos.

Banquo – Hóspede do verão, a andorinha, essa assídua frequentadora dos templos, vem nos provar, ao fazer deste Castelo sua moradia mais adorada, que o hálito do Céu aqui tem perfume amoroso. Em cada friso mais saliente, em cada arcobotante, em cada cunhal com vantajoso ponto de observação, em canto conveniente, esses passarinhos fazem sua cama suspensa, o berço de suas crias. Onde eles se reproduzem e fazem ponto, já observei, o ar é delicado.

[*Entra Lady Macbeth.*]

Duncan – Vede, vede nossa honrada anfitriã! O amor que nos acompanha por vezes é motivo de nossa preocupação, mas por ele ainda assim somos gratos, pois é amor. Com isso estou lhe ensinando, minha senhora, a rezar a Deus para que nos recompense pela trabalheira que ora lhe impomos e a agradecer-nos por toda sua preocupação.

Lady Macbeth – Todos os nossos serviços, em cada detalhe verificados e revistos, e depois ainda uma vez mais revisados, foram medíocres, um empreendimento singelo, que não faz jus às tão profundas e irrestritas honras com as quais Vossa Majestade cumula nossa Casa. Pelas honras outorgadas no passado, e pelos títulos mais recentes, que vêm se acumular aos primeiros, permanecemos, meu marido e eu, vossos eremitas: rezaremos por vós e por vós rezaremos.

Duncan – Onde está o Barão de Cawdor? Corremos no encalço dele, e nessa perseguição tínhamos um propósito: chegar antes dele e preparar-lhe recepção digna de um rei. Mas ele é bom cavaleiro. E seu grande amor por nós (penetrante como sua espora) auxiliou-o a chegar antes de nós à própria casa. Minha bela e nobre anfitriã, somos seu hóspede por esta noite.

Lady Macbeth – Quanto a nós, somos vossos criados esta noite e sempre. Estes criados têm seus pertences, seus bens e a si mesmos tão somente em confiança, para que deles Sua Alteza possa dispor, ao seu bel-prazer; e, ao requisitá-los, sempre os terá de volta, pois são de vossa propriedade.

Duncan – Dê-me sua mão. Leve-me até o dono da casa. Nós o temos em alta estima, e devemos continuar outorgando-lhe nossas graças. Com a sua permissão, senhora minha anfitriã.

[*Saem.*]

CENA VII

Um aposento no Castelo.

Oboés. Tochas. Entram um Copeiro e diversos Criados com pratos e comida servida e atravessam o palco. Depois entra Macbeth.

Macbeth – Se estivesse terminado assim que fosse feito, então seria bom que fosse feito num zás. Se o assassinato pudesse manear suas consequências e agarrar, com o próprio fim, seu sucesso! Se esse um golpe pudesse ser o tudo necessário para o fim de tudo! Aqui, e somente aqui, nesta vida, um tempo que não é mais que um banco de areia nos mares da eternidade, abriríamos mão da próxima vida. Mas, para esses casos, ainda temos julgamentos aqui, com os quais damos sanguissedentas instruções, que, recém-apreendidas, acham o caminho de volta, para atormentar seu próprio inventor. Essa Justiça equilibrada, imparcial, prescreve e recomenda para nossos lábios os ingredientes do nosso cálice envenenado. Ele aqui se encontra sob dupla salvaguarda: primeiro, sou dele parente e súdito, duas fortes razões contra tal ato; depois, como seu anfitrião, devo fechar meus portões a seu assassino, e não empunhar eu mesmo a adaga. Além do que, esse Duncan sempre vestiu seu manto real com tanta humildade, sempre foi tão honrado em suas decisões de governante, que suas virtudes passarão a defendê-lo como anjos, com o alarido de trompetes, contra a abismal danação de seu assassínio. E Piedade, como uma criança recém-parida e ainda nua, transporá o som dos metais, ou então o querubim do Paraíso, montado sobre as invisíveis correntes de ar, soprará o horrendo ato dentro de cada olho, até que as lágrimas tenham afogado os ventos. Não tenho esporas com que ferir os flancos de minha intenção, e minha única montaria é esta Ambição exagerada, desejosa de saltar por cima de si mesma, só para tropeçar no outro lado.

[*Entra Lady Macbeth.*]

E agora? O que há de novo?

Lady Macbeth – Ele está terminando de cear. Por que saíste de teus aposentos?

Macbeth – Ele perguntou por minha pessoa?

LADY MACBETH – Não sabes que sim?

MACBETH – Não vamos prosseguir com este plano. Ele muito tem me honrado ultimamente, e eu... angariei de todo tipo de gente opiniões favoráveis, preciosas como gemas que pretendo agora exibir em seu brilho renovado, pedras que não se descarta tão cedo.

LADY MACBETH – Estava bêbada, aquela esperança de que te revestias? Caiu no sono, a tal? E agora ela se acorda, tão pálida e verdolenga, para examinar o que antes fez com tanta liberalidade? Deste momento em diante, calculo que esteja igualmente doentio o teu amor. Tens medo de ser na própria ação e no valor o mesmo que és em teu desejo? Queres ter aquilo que, por tua estimativa, é o adorno da vida e, no apreço que tens de ti mesmo, levas a vida como um covarde, não é assim? Deixas que o teu "Não me atrevo" fique adiando tua ação até que o teu "Eu quero" aconteça por milagre; como a gata, coitadinha, que queria comer o peixe mas não queria molhar a pata.

MACBETH – Imploro-te, paz! Atrevo-me a fazer tudo o que é próprio de um homem. Quem se atreve a mais, homem não é.

LADY MACBETH – Quem foi, então, o animal que te obrigou a mencionar para tua esposa esse plano arrojado? Quando te atreveste a fazê-lo, então sim, eras um homem! E, para seres mais do que eras, terias de ser muito mais homem. Nem o momento nem o local eram propícios, e no entanto desejaste criá-los, os dois. Eles agora se apresentam, e sua conveniência é tal que te aniquila! Já amamentei, e sei como é bom amar a criança que me suga o leite. E, no entanto, eu teria lhe arrancado das gengivas desdentadas o meu mamilo e, estando aquela criancinha ainda a sorrir para mim, teria lhe rachado a cabeça tivesse eu jurado fazê-lo, como tu juraste fazer o que queres fazer.

Macbeth – E no caso de fracassarmos?

Lady Macbeth – Nós, fracassarmos? Estica as cordas no alaúde de tua coragem, e não falharemos. Quando Duncan estiver dormindo (e para a cama sadiamente o terá convidado a dura jornada do dia de hoje), seus dois camareiros encarrego-me eu de dominar com vinho e, de brinde em brinde, não será mais que vapores a memória, essa sentinela do cérebro, e não será mais que alambique esse recipiente da razão. Quando estiverem dormindo como dois porcos, duas naturezas encharcadas, dois corpos numa espécie de morte estirados, o que não podemos, tu e eu, aplicar no indefeso Duncan?... que não se possa impingir a seus dois oficiais-esponja?... que vão carregar a culpa do nosso formidável crime de morte?

Macbeth – Dá à luz tão somente filhos homens. Teu ardor destemido não deve compor filhos que não sejam másculos. Qual a possibilidade de não acreditarem (depois que tivermos com sangue marcado aqueles dois que se plantam a dormir nos próprios aposentos de Duncan, depois que tivermos usado suas próprias adagas) que foram eles que perpetraram o ato?

Lady Macbeth – Quem ousará não acreditar, uma vez que rugirão nossos penares, nosso clamor sobre a morte dele?

MACBETH – Encontro-me agora determinado, e tensionada está cada fibra de meu corpo, em prontidão para esse terrível feito. Vamos! Que se enganem os outros com nossa aparência mais serena. Aquilo que sabe o coração falso, a cara falsa deve esconder.

[*Saem.*]

SEGUNDO ATO

CENA I

Inverness. Pátio interno do castelo de Macbeth.

Entram Banquo e, à sua frente, Fleance, carregando uma tocha.

Banquo – A quantas da noite andamos, meu rapaz?

Fleance – A lua já se pôs, mas não ouvi o relógio bater as horas.

Banquo – E ela se põe à meia-noite.

Fleance – Quero crer que é mais de meia-noite, senhor.

Banquo – Pega aqui, segura minha espada. Estão fazendo economia no céu. As luzes estão todas apagadas. Segura isto aqui também. Cai, como chumbo sobre os meus ombros, uma pesada pasmaceira, e, mesmo assim, não quero dormir. Potestades, refreiem em mim os pensamentos amaldiçoados aos quais a Natureza dá passagem durante o repouso dos mortais.

[*Entram Macbeth e um Criado carregando uma tocha.*]

Dá-me minha espada. Quem vem lá?

Macbeth – É amigo.

Banquo – Mas, como, senhor? O senhor ainda não foi dormir? O Rei já foi deitar-se. Ele esteve, como nunca, feliz da vida; e distribuiu sua generosidade nos aposentos dos seus criados, senhor. Com este brilhante ele saúda sua esposa, senhor, nomeando-a graciosíssima anfitriã. E assim recolheu-se ele, em incomensurável contentamento.

Macbeth – Estando despreparados, nossa vontade, que de outro modo estaria livre para bem recebê-lo, ficou presa de tudo o que está faltando.

Banquo – Está tudo muito bem. Sonhei, noite passada, com as três Estranhas Irmãs. Para o senhor, elas mostraram alguma verdade.

Macbeth – Nem penso nelas. Porém, quando pudermos arranjar um momento conveniente, vamos usá-lo trocando algumas palavras sobre aquele acontecimento, se tiveres tempo.

Banquo – Estou à sua disposição à hora que lhe for melhor.

Macbeth – Se quiseres seguir o meu conselho, quando for chegada a hora, sobre teus ombros recairá muita honra.

Banquo – Desde que eu não perca a honra ao buscar aumentá-la, desde que continue o meu coração imune a sentimentos de culpa, desde que permaneça eu um súdito leal, receberei de bom grado o seu conselho.

Macbeth – Por ora, desejo-te uma boa noite de sono.

Banquo – Obrigado, senhor. O mesmo lhe desejo eu.

[*Saem Banquo e Fleance.*]

Macbeth – Assim que minha bebida estiver pronta, vai e pede à Senhora que ela toque o sino. Depois, podes te recolher à tua cama.

[*Sai o Criado.*]

É isto uma adaga, que vejo diante de mim, o cabo voltado para minha mão? Vem, deixa-me agarrar-te. Não te tenho, e, no entanto, te enxergo, ainda e sempre. Não és, visão fatal, tão sensível ao toque como à vista? Ou és nada mais que uma adaga imaginada, criação falsa, resultado de um cérebro febril? Vejo-te ainda, em tua forma tão palpável quanto esta que agora desembainho. Sinalizas o caminho que eu já estava mesmo tomando, e um tal instrumento eu deveria usar. Ou estes meus olhos foram feitos de bobos pelos outros sentidos, ou valem por todos os outros. Vejo-te ainda. E sobre tua lâmina, e sobre teu punho, gotas de sangue, o que antes não se enxergava. Mas não há nada disso. É este negócio sangrento que assim toma forma diante de meus olhos. Neste instante, sobre meio mundo, a Natureza parece estar morta, e, sob os dosséis, sonhos pecaminosos fazem mal ao sono dos que dormem. A bruxaria celebra os ritos da pálida Hécate, deusa das feiticeiras. E o murcho Assassínio, despertado por sua sentinela, o lobo, cujo uivo marca cada hora noturna, encaminha-se com passos furtivos, com as passadas desonrosas do estuprador Tarquínio, na direção de seu objetivo, movendo-se como um fantasma. Tu, Terra sólida e firmemente assentada, não escutes os meus passos, nem para onde eles vão, pois temo que tuas próprias pedras trepidem e espalhem a notícia de meu paradeiro, assim roubando deste momento seu horror silente, que lhe cai tão bem. Enquanto eu ameaço, ele vive. Palavras só fazem soprar um hálito gelado sobre o calor das ações.

[*Ouve-se o toque de um sino.*]

Vou eu, e a coisa estará feita. Convida-me, o sino. Que não o escutes, Duncan, pois esse é um dobre fúnebre, que vem te chamar para o Céu, ou para o Inferno.

[*Sai.*]

CENA II

Entra Lady Macbeth.

Lady Macbeth – O que os tornou bêbados tornou-me a mim corajosa. O que os fez apagar, a mim ateou fogo. Escutem! Calma! Foi a coruja que piou, anunciante fatal, que vem dar o boa-noite mais horrendo. Ele está cometendo o ato, as portas estão abertas. E os camareiros, nauseados, zombam de sua função roncando. Em suas bebidas, quentes para a noite, deitei uma droga tal que agora a Morte e a Natureza lutam entre si, para decidir se eles vivem ou morrem.

Macbeth [*de dentro*] – Quem vem lá? Alô!

Lady Macbeth – Ai, que tenho medo que eles possam estar já acordados e a coisa não esteja feita. A tentativa, e não o ato, é o que nos aniquila. Escutem: dispus as adagas deles em prontidão, ele não podia deixar de vê-las. Não lembrasse tanto meu pai enquanto dormia, teria eu mesma cometido o ato.

[*Entra Macbeth.*]

Meu marido!

Macbeth – Cometi o ato. Não ouviste um barulho?

Lady Macbeth – Ouvi a coruja gritar, e os grilos cri-crilando. Não falaste alguma coisa?

Macbeth – Quando?

Lady Macbeth – Agora.

Macbeth – Quando eu vinha descendo?

Lady Macbeth – Isso.

Macbeth – Escuta: quem dorme no outro quarto, pegado ao dele?

Lady Macbeth – Donalbain.

Macbeth [*olhando as próprias mãos, ensanguentadas*] – Esta é uma visão lastimável.

Lady Macbeth – Que tolo pensamento, chamar de lastimável essa visão.

Macbeth – Houve um que se riu em seu sono, e outro gritou "Assassínio!", e assim acordaram-se um ao outro. Fiquei ali parado, e os escutei, mas então disseram suas orações e mais uma vez prepararam-se para dormir.

Lady Macbeth – Tem dois que estão acomodados no mesmo quarto.

Macbeth – Um gritou "Que Deus nos abençoe", e "Amém" o outro, como se tivessem me avistado com estas mãos de carrasco. Ouvindo-lhes o medo, não consegui dizer "Amém" quando disseram "Que Deus nos abençoe".

Lady Macbeth – Não dê a isso tanta importância.

Macbeth – Mas então por que não consegui pronunciar "Amém"? Tinha eu a maior precisão de ser abençoado, e aquele "Amém" entalou em minha garganta.

Lady Macbeth – Esses atos não podem, depois de cometidos, ser pensados dessa maneira. Se for assim, isso nos deixará loucos.

Macbeth – Pensei ter ouvido uma voz a gritar "Dormir, nunca mais! Macbeth é o assassino do Sono, do Sono inocente, do Sono que desenreda o novelo emaranhado das preocupações, do Sono que é a morte rotineira da vida de cada dia, o banho depois da árdua labuta, o bálsamo das mentes afligidas, o prato principal da grande mãe Natureza, o mais importante nutriente do banquete da Vida".

Lady Macbeth – O que estás querendo dizer com isso?

Macbeth – A voz gritava, sempre, para a casa toda: "Dormir, nunca mais! Glamis matou o Sono, e, portanto, Cawdor não mais dormirá. Macbeth não mais dormirá."

Lady Macbeth – Quem era essa criatura, que assim gritava? Ora, valoroso Barão, o senhor afrouxa sua nobre força ao pensar as coisas de modo tão delirante. Agora vai e busca água e lava esse testemunho imundo de tuas mãos. Por que de lá trouxeste essas adagas? Elas precisam estar no quarto. Vai e leva-as e mancha com sangue os camareiros, que ainda dormem.

Macbeth – Para lá não volto. Tenho medo de pensar no que fiz. Olhar a cena uma vez mais? Não me atrevo.

Lady Macbeth – Mas que falta de resolução! Dá-me as adagas. Os que dormem, e os que já estão mortos, não passam de pinturas. É tão somente o olhar de uma criança que se amedronta diante de um diabo desenhado. Se ele estiver sangrando, pintarei de carmim as caras dos camareiros, pois deve parecer que deles é a culpa.

[*Sai. Ouvem-se batidas.*]

Macbeth – De onde vêm essas batidas? O que há comigo, quando todo e qualquer barulho me apavora? Que mãos são estas aqui? Ai, que elas arrancam fora os meus olhos! Nem todo o Oceano do grande Netuno será capaz de lavar definitivamente este sangue de minhas mãos? Não, pelo contrário: estas minhas mãos é que tingirão de encarnado os múltiplos mares, transformando em vermelho o que é verde.

[*Entra Lady Macbeth.*]

Lady Macbeth – Minhas mãos estão da cor das tuas. Mas envergonho-me por ser dona de um coração tão claro.

[*Batem à porta.*]

Ouço alguém batendo à porta do lado sul. Retiremo-nos aos nossos aposentos. Um pouco d'água irá nos limpar deste ato. Mas quanta dificuldade! Tua constância deixou-te desatendido.

[*Batem à porta.*]

Escuta, mais batidas. Veste teu camisolão, de modo que não pareça, quando as circunstâncias nos chamarem, que estávamos despertos. Não te percas tão lamentavelmente em teus pensamentos.

Macbeth – Saber o que fiz...!

[*Batem à porta.*]

Melhor seria não saber quem sou. Despertar Duncan com essas tuas batidas, muito me agradaria que tu pudesses.

[*Saem.*]

CENA III

Entra um Porteiro. Ouvem-se batidas.

Porteiro – Deveras, esse sabe bater. Se um homem fosse Porteiro das Portas do Inferno, ele não faria outra coisa que não dar voltas à chave.

[*Batem à porta.*]

Pam, pam, pam! Por Belzebu, quem está batendo à porta? Aqui temos um lavrador, que se enforcou na expectativa frustrada de abundância. Pois vamos entrando, o senhor que é servo do tempo. Traga lenços suficientes consigo, pois aqui o senhor vai suar por seu ato.

[*Batem à porta.*]

Pam, pam, pam! Por um outro Diabo qualquer, quem está batendo à porta? Por minha fé, aqui temos um sujeito ardiloso no uso das palavras, um que jura colocar a verdade nos pratos opostos da mesma balança, um jesuíta que cometeu bastantes traições em nome de Deus, e ainda assim não pôde com suas evasivas evadir-se para o Céu. Ah, vamos entrando, homem pleno de ambiguidades!

[*Batem à porta.*]

Pam, pam, pam! Quem bate? Por minha fé, temos aqui que nos chega um alfaiate inglês, por ter roubado nos panos de calções franceses. Vamos entrando, alfaiate. Aqui o senhor terá como deixar tinindo o seu ferro de engomar.

[*Batem à porta.*]

Pam, pam, pam! Não se tem descanso. Quem é? Mas este lugar aqui é frio demais para ser o Inferno. Não mais servirei de porteiro ao diabo. Havia imaginado eu deixar entrar alguns de todas as profissões, que trilham o caminho menos árduo e mais perfumoso para a fogueira eterna.

[*Batem à porta.*]

Já vou, estou indo, só peço que o senhor não se esqueça do porteiro.

[*Entram Macduff e Lennox.*]

Macduff – Foste para a cama, meu amigo, tão tarde assim que só assim tão tarde te levantas?

Porteiro – A bem da verdade, senhor, estivemos bebendo até o galo cantar pela segunda vez. E a bebida, senhor, é grande provocadora de três coisas.

MACDUFF – Que três coisas em especial a bebida provoca?

PORTEIRO – Ora, senhor, nariz vermelho, sono e muita urina. A luxúria, senhor, é por ela provocada e invalidada: provoca o desejo, mas rouba-lhe a potência. Portanto, bebida demais, senhor, pode-se dizer que é enganadora com a luxúria: faz o homem e o aniquila, deixa o homem pronto e impede-o de comparecer, ela o persuade e desencoraja-o, deixa-o teso e faz ele broxar. Em suma, engana-o até a sonolência, coloca-o para dormir, e depois deixa-o sozinho.

MACDUFF – Quero crer que a bebida enganou-o o suficiente para fazê-lo dormir esta noite.

PORTEIRO – Foi exatamente isso, senhor, enganou-me até os gorgomilos. Mas eu revidei, e (acho eu) sendo muito forte para ela, embora a certa altura ela tenha me deixado de pernas bambas, consegui assim mesmo dar um jeito de lançá-la ao chão em jorros.

MACDUFF – Está acordado o teu Amo?

[*Entra Macbeth.*]

Nossas batidas acordaram-no. Aí vem ele.

LENNOX – Bom dia, meu nobre senhor.

MACBETH – Bom dia aos dois.

MACDUFF – O Rei está acordado, meu valoroso Barão?

MACBETH – Ainda não.

MACDUFF – Ele me ordenou que o chamasse cedo da manhã. Quase perco a hora.

Macbeth – Vou levá-lo até ele.

Macduff – Estou lhe dando trabalho. Mesmo sabendo que é agradável para o senhor, não deixa de ser trabalho.

Macbeth – O trabalho que fazemos com prazer cura a canseira que dele mesmo advém. Esta é a porta.

Macduff – Vou tomar a liberdade de chamá-lo, pois esta foi a incumbência que recebi.

[*Sai Macduff.*]

Lennox – O Rei viaja ainda hoje?

Macbeth – Sim, disse-me que partiria hoje.

Lennox – Esta noite foi turbulenta. Onde dormimos, a ventania derrubou as chaminés. E (como dizem) ouviram-se lamentações no ar da noite, estranhos gritos de morte, e profecias, de tétricas pronúncias, de medonhas combustões, de eventos caóticos, recém-saídos da casca, trazidos à luz em tempos infaustos. A coruja, obscuro pássaro, queixou-se a noite inteira. Dizem alguns que a terra estava febril, e estremecia.

Macbeth – Foi uma noite violenta.

Lennox – Não tenho lembrança de noite alguma que se assemelhe a esta, embora seja ainda jovem a minha memória.

[*Entra Macduff.*]

Macduff – Oh, horror, horror, horror! Nem palavras, nem o coração podem imaginar, sequer nomear o que aconteceu.

Macbeth e Lennox – Qual é o problema?

Macduff – O caos concebeu sua obra-prima. O mais sacrílego dos assassinatos arrombou o Templo ungido do Senhor, dali roubando a vida de seu edifício.

Macbeth – O que dizes? De que vida estás falando?

Lennox – Fala o senhor de Sua Majestade?

Macduff – Venham até o quarto e destruam seus olhos com uma nova Medusa Górgona. Não me peçam para contar o que vi. Olhem vocês, e depois me digam vocês mesmos.

[*Saem Macbeth e Lennox.*]

Acordem todos! Acordem todos! Toquem o sino, deem o alarme! Assassinato, traição! Banquo! E Donalbain! Acordem! Malcolm! Livrem-se do macio do sono, simulacro da Morte, e olhem a Morte na cara. Levantem-se! Levantem-se e vejam a formidável imagem do Apocalipse. Malcolm, Banquo, ergam-se como se de seus túmulos estivessem saindo, e caminhem como fantasmas e ponham-se face a face com esse horror. Toquem o sino!

[*Ouve-se tocar o sino. Entra Lady Macbeth.*]

Lady Macbeth – O que está acontecendo? Por que trombeta assim odiosa convoca à parlamentação os que dormem na casa? Falem, respondam!

Macduff – Ah, gentil dama, a senhora não deve ouvir o que sei. As palavras que posso pronunciar, se caídas em ouvidos femininos, poderiam matar.

[*Entra Banquo.*]

Ah, Banquo, Banquo, nosso Amo Real foi assassinado.

Lady Macbeth – Ai! Ai de mim! Mas, como, em nossa casa?

Banquo – Por demais cruel, fosse na casa de quem fosse. Caro Duff, imploro-te, contradize o que acabas de falar e conta-nos que não é verdade.

[*Entram Macbeth, Lennox e Ross.*]

Macbeth – Tivesse eu morrido uma hora antes desta fatalidade, e eu teria vivido uma vida abençoada. A partir deste instante, nada há de sério na mortalidade. Tudo são ninharias. A Honra e a Graça Divina estão mortas, o vinho da Vida esgotou-se, o que sobra na adega são meras borras, e é delas apenas que podemos nos gabar.

[*Entram Malcolm e Donalbain.*]

Donalbain – O que está fora de ordem?

Macbeth – Você está, e nem sabe que está. A nascente, a fonte, a origem do seu próprio sangue estancou, o manancial secou.

Macduff – Seu Real Progenitor foi assassinado.

Donalbain – Ah, mas quem é o assassino?

Lennox – Seus camareiros, pelo que parece, perpetraram o crime. Tinham as mãos e as caras marcadas com sangue, bem como suas adagas, que encontramos, ainda sujas, sobre os seus travesseiros. Os dois tinham o olhar fixo, a mente confusa. Nenhuma vida humana deveria ter sido confiada a eles.

Macbeth – E, no entanto, arrependo-me de minha fúria, que me levou a matá-los.

Macduff – Por que fizeste tal coisa?

Macbeth – Quem consegue ser sábio e pasmado, moderado e furioso, leal e neutro, tudo no mesmo instante? Ninguém. O caráter expedito de meu amor violento correu na frente da Razão, essa mediadora que retarda o nosso agir. Aqui jazia Duncan, a pele em tons de prata rendilhada com seu dourado sangue, e os golpes de faca, feridas profundas, pareciam um rompimento na Natureza para que por ali se desse a entrada devastadora da Ruína. Ali adiante, os assassinos, mergulhados nas cores de seu ofício, suas adagas usando indecentes fraldas de sangue coagulado. Quem poderia refrear-se, tendo um coração para amar e, neste coração, coragem para declarar o seu amor?

Lady Macbeth – Alô! Tirem-me daqui!

Macduff – Cuidem de Lady Macbeth.

Malcolm [*dirigindo-se a Donalbain*] – Por que permanecemos mudos, quando todos aqui podem argumentar que essa discussão diz mais respeito a nós que a qualquer outro?

Donalbain [*dirigindo-se a Malcolm*] – O que poderíamos agora dizer, quando nossa própria sorte esconde-se num buraco feito por verruma e pode, a qualquer instante, pular sobre nós e levar-nos também? Vamo-nos embora daqui. Nossas lágrimas ainda não estão prontas para serem derramadas.

Malcolm – Tampouco está pronto para reagir o nosso imenso pesar.

Banquo – Cuidem de Lady Macbeth.

[*Lady Macbeth é carregada para fora.*]

E, quando tivermos bem encobertas nossas nuas fragilidades, que sofrem ao serem expostas, podemos então nos encontrar e averiguar esta obra sangrenta, a fim de sabermos mais. Que nos abalem temores e dúvidas. Eu me coloco nas poderosas mãos de Deus, de onde lutarei contra as não divulgadas pretensões de tal maldade traiçoeira.

Macduff – Faço eu o mesmo.

Todos – E todos nós.

Macbeth – Vamos rapidamente compor-nos em trajes que atestem nossa virilidade, e depois encontramo-nos no Salão.

Todos – De acordo.

[*Saem todos, à exceção de Malcolm e Donalbain.*]

Malcolm – O que pretendes fazer? Não se pode dialogar com essa gente. Mostrar uma tristeza que não sente é trabalho fácil para quem é falso. Parto agora mesmo para a Inglaterra.

Donalbain – E eu, para a Irlanda. Sendo distintos os nossos destinos, estaremos os dois mais a salvo. Aqui onde estamos, podem-se ver lâminas afiadas nos sorrisos dos que nos rodeiam. Se próximos somos dele por laços de sangue, mais próximos estamos de uma morte ensanguentada.

Malcolm – A seta assassina que foi lançada não encontrou ainda o seu alvo. O caminho para nós mais seguro é evitar sua trajetória. Portanto, aos nossos cavalos!

Esqueçamos as delicadezas das despedidas. Precisamos sair sem ser notados. Sair de fininho pode ser coisa muito fina aqui, onde não existe finura nas intenções.

[*Saem.*]

CENA IV

Em frente ao castelo de Macbeth.

Entra Ross, acompanhado de um Velho.

Velho – Setenta anos, e de tudo lembro bem: dentro dessa passagem de tempo, assisti a momentos pavorosos, vi coisas as mais estranhas. Mas esta noite esdrúxula transformou em coisa pouca tudo que antes eu conhecia.

Ross – Ah, meu bom velho, podes bem ver que os Céus, perturbados por essa cena do homem, ameaçam-lhe o cenário sanguinolento. Pelo relógio, é dia e, no entanto, a Noite escura estrangula a luz viajante. É a Noite assim tão predominante, ou será que envergonha-se o Dia, e por isso temos a Escuridão sepultando o rosto da Terra quando é a Luz viva que o devia estar beijando?

Velho – Não é da Natureza, assim como o ato que foi cometido. Terça-feira passada, um falcão, planando na máxima altura de seu majestoso voo, foi preado por uma coruja caçadora de ratos e por ela foi morto.

Ross – E os cavalos de Duncan! (Coisa a mais estranha, e confirmada.) Belíssimos, e velozes, os melhores filhos das melhores cruzas de sua raça, tornando-se selvagens nesta noite, quebraram suas baias, arremessaram-se ao ar livre, contestando a obediência que os fazia domesticados, como se quisessem declarar guerra à raça humana.

Velho – Dizem que devoraram-se uns aos outros.

Ross – E foi o que fizeram. Para assombro de meus olhos, que a tudo assistiram.

[*Entra Macduff.*]

Eis que chega o nosso bom Macduff.
Como estão as coisas agora, senhor?

Macduff – Ora, não as está vendo o senhor mesmo?

Ross – Já se sabe quem cometeu esse ato mais que sangrento?

Macduff – Os dois que Macbeth matou.

Ross – Ai, que dia infeliz! O que esperavam esses dois lucrar com isso?

Macduff – Foram subornados. Malcolm e Donalbain, os filhos do Rei, saíram sem ser notados e fugiram, o que coloca sobre eles a suspeita do crime.

Ross – Sempre, e de novo, contra a Natureza. Pródiga Ambição, que com voracidade consomes a tua própria fonte de vida. Então, temos como mais provável que a coroa caia sobre a cabeça de Macbeth.

Macduff – Ele já foi eleito, e partiu para Scone, para vestir o manto real e tomar posse do cetro.

Ross – Onde está o corpo de Duncan?

Macduff – Carregaram com ele para Colmekill, o depósito sagrado de seus predecessores, curadoria de seus ossos.

Ross – O senhor vai a Scone?

Macduff – Não, meu primo, estou de partida para Fife.

Ross – Bem, vou eu para Scone.

Macduff – Que o senhor possa ser testemunha de que lá tudo correu bem. Vou me despedindo, antes que nossas antigas vestes pareçam-nos mais confortáveis que as novas.

Ross – Adeus, meu velho.

Velho – Que a bênção de Deus o acompanhe, e a todos aqueles que desejam transformar o mal em bondade, os inimigos em amigos.

[*Saem todos.*]

TERCEIRO ATO

CENA I

Forres. Um aposento no palácio.

Entra Banquo.

Banquo – Agora tens tudo: Rei, Cawdor, Glamis, tudo. Bem como as Mulheres Esquisitas prometeram, e assusta-me a ideia de teres jogado sujo para tanto. E, no entanto, também foi dito que tua posteridade não seria coroada, mas que eu seria a raiz e tronco, pai de onde se originariam muitos Reis. Se delas vem a verdade, assim como brilharam seus discursos sobre tua pessoa, Macbeth, então, pelas veracidades que sobre ti concretizaram-se, não podem elas ser meus oráculos também e acender em mim a esperança? Mas chega por agora, silêncio.

Ouvem-se toques de clarim. Entram Macbeth, como Rei, Lady Macbeth, Lennox, Ross, Lordes e Serviçais.

Macbeth – Eis nosso convidado principal.

Lady Macbeth – Não estivesse ele entre nossos convidados e isso teria sido como que uma lacuna em nosso grandioso banquete, imprópria em todos os aspectos.

Macbeth – Esta noite oferecemos uma ceia solene, senhor, e faço questão de sua presença.

Banquo – Que Sua Alteza ordene o que quiser de mim, pois é à Sua Alteza que minhas obrigações estão para sempre entrelaçadas pelo mais indissolúvel dos vínculos.

MACBETH – Você estará cavalgando hoje à tarde?

BANQUO – Sim, meu bom Rei.

MACBETH – Em caso contrário, teríamos gostado de ter seu bom conselho (que sempre soube ser tanto sério como próspero) no Conselho que se reúne hoje. Mas faremos isso amanhã. Cavalga o senhor até muito longe?

BANQUO – Tão longe, meu Rei, quanto o necessário para passar o tempo entre esta ceia e o jantar. Se meu cavalo não for dos mais velozes, devo tomar emprestada da noite uma hora escura, ou mesmo um par de negras horas.

MACBETH – Não vá perder nossa festa.

BANQUO – Meu Rei, isso não acontecerá.

MACBETH – Ouvimos dizer que nossos sanguinários primos alojaram-se um na Inglaterra, outro na Irlanda, jamais confessando seu cruel parricídio e enchendo os ouvidos daqueles que os escutam com uma estranha história inventada. Mas sobre isso falaremos amanhã, quando, além disso, teremos questões de Estado esperando por nós os dois. Ande, vá logo cavalgar. Adeus, até que o senhor retorne à noite. Fleance acompanha-o?

BANQUO – Sim, meu bom Rei. Faz-se tarde, e a hora nos chama.

MACBETH – Que sejam rápidos os seus cavalos, bichos de patas firmes, este é o meu desejo. Assim eu os recomendo aos lombos dos animais. Adeus!

[*Sai Banquo.*]

Que cada homem seja o dono de seu tempo até as sete da noite. Para que mais doce e bem-vindo seja o nosso convívio festivo, estaremos sozinhos, recolhidos até a hora do jantar. Até lá, que Deus esteja convosco.

[*Saem todos, menos Macbeth e um Criado.*]

Meu caro, uma palavrinha consigo: estão aqueles homens aguardando nossas ordens?

Criado – Estão, meu Rei, do lado de fora dos portões do Palácio.

Macbeth – Traga-os à nossa presença.

[*Sai o Criado.*]

Carregar a coroa não é nada. O importante é carregá-la em segurança. Nossos temores encontram fundas raízes na pessoa de Banquo. Em sua nobreza de caráter reina aquilo que impõe medo. Para muita coisa tem ele coragem e, junto com seu destemido espírito, traz em si uma sabedoria que lhe guia o valor: só age em segurança. De nenhum outro ser tenho medo. Com a existência dele, minha força de espírito sente-se tolhida, como se diz que acontecia com Marco Antônio diante de César. Ele repreendeu as Três Irmãs assim que elas imputaram a mim o título de Rei e exigiu-lhes que a ele se dirigissem. Então, em tom de profecia, elas o aclamaram pai de uma linhagem de Reis. Sobre minha cabeça depositaram elas uma coroa infrutífera; em minha mão, cetro estéril – tudo para me ser arrancado por mãos de descendência indireta, sem que um filho meu venha a suceder-me. Se assim for, pelos herdeiros de Banquo aviltei-me! Em prol da causa deles assassinei o nobre Duncan! Rancores derramei no cálice de minha paz, tão somente por eles, e entreguei de mão beijada, ao Inimigo comum dos homens, minha joia eterna... para transformá-los em Reis, para tornar Reis as sementes de Banquo! Antes disso, que o Destino entre nessa competição e desafie-me até a resolução derradeira. – Quem vem lá?

[*Entram o Criado e dois Assassinos.*]

Agora vá para a porta, e fique lá até que eu o chame.

[*Sai o Criado.*]

Não foi ontem que conversamos?

Primeiro assassino – Foi, sim, às ordens de Sua Alteza.

Macbeth – Pois então, muito bem: tiveram tempo, os dois, de refletir sobre o que lhes falei. Estão sabedores de que foi ele, nos tempos agora passados, quem os manteve presos a uma condição inferior à que vocês merecem, coisa que vocês pensavam ser culpa nossa... e eu, inocente. Isso tudo, em nossa conferência passada, confirmei perante vocês. Demonstrei e provei aos senhores como foram manipulados, como foram enganados. Apresentei-lhes os instrumentos com que isso foi feito, quem deles fez uso, e tudo o mais, coisas que fariam pronunciar-se até mesmo um débil mental, uma mente insana, clamando: "Isso é coisa armada por Banquo".

Primeiro assassino – Sua Alteza nos deu a conhecer tais fatos.

Macbeth – Exatamente. E fiz mais, o que é agora o ponto em questão deste nosso segundo encontro. A paciência, nos senhores, é tão predominante em suas naturezas que os senhores conseguem relevar isso? São suas almas tão cristãs, foram os senhores tão bem catequizados, a ponto de rezarem por esse bom homem e por seus descendentes, esse homem cuja mão pesada obrigou-os a curvarem-se até a cova e deixou para sempre na miséria os seus filhos?

Primeiro assassino – Somos homens, meu Suserano.

Macbeth – Sim, na classificação vocês passam por homens, assim como um sem-número de perdigueiros, galgos, vira-latas, spaniels, mastins, sabujos atendem todos pelo nome de cachorros. A certificação é valiosa, e distingue o veloz do lento, diz-nos qual o mais atilado, o cão de guarda, o caçador, cada um de acordo com o talento que lhe foi presenteado pela Natureza, mãe generosa. Assim é que ele recebe, no documento que os descreve a todos como semelhantes, uma designação particular. E o mesmo dá-se com os homens. Vejam: se vocês têm uma posição na listagem, digamos que em nenhuma das piores classes da raça humana, posso confiar à discrição dos senhores essa empreitada que, ao executar-se, liquida com o seu inimigo e prende os senhores ao nosso coração em alta estima. Nosso estado de saúde mostra-se adoentado com ele vivo. Com ele morto, nossa saúde estaria perfeita.

Segundo assassino – Sou sujeito, meu Suserano, a quem os golpes vis e as bofetadas do mundo de tal modo enfureceram que me é indiferente se faço isso ou se faço aquilo, contanto que eu machuque o mundo.

Primeiro assassino – E eu sou outro, tão cansado de desastres, arrastado daqui para lá e de lá para cá pelo Destino, que arriscaria minha vida numa oportunidade, para remendá-la ou para, de vez, com ela acabar.

Macbeth – Vocês dois sabem que Banquo era inimigo de ambos.

Os dois assassinos – Verdade, Alteza.

Macbeth – Pois inimigo meu ele também é. E nossa disputa é tão letal que cada minuto de vida nele ataca-me em minhas partes mais vitais. Muito embora eu pudesse, com a força nua e crua de meu poder, varrê-lo para sempre de minha vista, tão somente com o aval de minha vontade soberana, encontro-me impedido de assim proceder, pois certos amigos temos os dois em comum, e desses amigos não posso dispensar a afeição. Fico obrigado, portanto, a chorar-lhe a perda... eu, o próprio causador de sua morte. Assim é que desejo com os senhores entabular negociações para que me prestem assistência, para que se esconda esse negócio dos olhos do público, por várias e ponderosas razões.

Segundo assassino – Executaremos, meu Rei, aquilo que Sua Alteza nos ordenar.

Primeiro assassino – Ainda que nossas vidas...

Macbeth – A disposição dos senhores transparece em seus rostos. Dentro de uma hora, no máximo, indicarei onde os senhores devem esconder-se e estarei apresentando-lhes o perfeito espião do tempo, o melhor momento para que se faça a coisa, pois precisa ser feita esta noite e a alguma distância do Palácio. Sem que se esqueça, senhores: minha pessoa deve ficar livre de suspeitas. E, junto com ele, para não haver tropeços nem remendos no trabalho, Fleance, o filho. Ele sempre acompanha o pai, e sua ausência não me será menos importante, e ele deve abraçar a sorte desse negro momento juntamente com o pai. Deixo-os a sós, senhores: tomem sua decisão. Volto num instante.

Os dois assassinos – Já tomamos nossa decisão, meu Suserano.

Macbeth – Mandarei chamar os senhores em seguida. Aguardem-me dentro do Palácio.

[*Saem os assassinos.*]

Concluído está: Banquo, ao voar tua alma, se a ela compete encontrar o Paraíso, ela precisa encontrá-lo esta noite.

[*Sai.*]

CENA II

Um outro aposento no palácio.

Entram Lady Macbeth e um Criado.

Lady Macbeth – Banquo ausentou-se da Corte?

Criado – Sim, minha Senhora, mas retorna ainda hoje à noite.

Lady Macbeth – Leva recado ao Rei: quando a ele for conveniente, preciso com ele trocar algumas palavras.

Criado – Estou indo, minha Senhora.

[*Sai.*]

Lady Macbeth – Nada se ganha, e tudo se perde, quando nosso desejo fica satisfeito sem contentamento. Mais seguro é ser o objeto que destruímos, mais seguro do que habitar uma alegria duvidosa, construída pela destruição.

[*Entra Macbeth.*]

Mas então, meu marido, por que te manténs sozinho? Aí estás, transformando em companheiras as tuas mais lastimáveis fantasias, entretendo esses pensamentos que deveriam ter morrido com aqueles de que agora se ocupam. Coisas para as quais não há remédio não devem ser contempladas. O que está feito está feito.

Macbeth – O que fizemos foi cortar talhos na serpente; não a matamos. Ela cicatrizará e voltará a ser ela mesma, enquanto nossa pobre maldade continua correndo o risco de ser abocanhada por aqueles antigos dentes. Mas deixemos que o esqueleto de todas as coisas desconjunte-se. Sofrerão ambos os mundos. Antes isso do que fazer nossas refeições com medo e dormir com a aflição daqueles sonhos terríveis, que nos fazem tremer todas as noites. Melhor seria estar com os mortos a quem nós, sequiosos de uma paz nossa, mandamos para a paz eterna, do que deitar com essa tortura da mente, num êxtase inquieto. Duncan está em seu túmulo. Depois da febre espasmódica da vida, ele dorme um bom sono. A traição fez o que sabe fazer melhor: nem aço, nem veneno, nem intrigas internas, nem levantes estrangeiros, nada mais pode atingi-lo.

LADY MACBETH – Ora, vamos, gentil senhor meu Rei, suaviza esse teu rosto enrugado, sê brilhante e jovial entre teus convidados esta noite.

MACBETH – Assim o farei, Amor, e peço de ti o mesmo. Não te esqueças de Banquo, dá-lhe atenção, trata-o com especial deferência, e mostra isso com teu olhar e tuas palavras. Enquanto não estivermos em segurança, necessário faz-se banharmos nossa honra nesses córregos de bajulação e fazermos de nossas faces máscaras para nossos corações, disfarçando-se assim o que eles são.

LADY MACBETH – Precisas parar com isso.

MACBETH – Ah, cheia de escorpiões está minha mente, querida esposa. Bem sabes que Banquo e seu filho Fleance estão vivos.

LADY MACBETH – Mas, sobre eles, a Natureza não detém direitos autorais eternos.

MACBETH – Há consolo nisto: eles podem ser atacados. Podes ficar alegre: antes que o morcego tenha voado seu voo de claustro de mosteiro, antes que a negra Hécate, deusa das feiticeiras, convoque os besouros e estes voem à noite, exibindo suas carapaças, zunindo para nos levar à sonolência, fazendo soar os sinos num repique noturno, num toque de recolher para nossos bocejos, um ato de consequências pavorosas terá sido perpetrado.

Lady Macbeth – Que ato será perpetrado?

Macbeth – Preserva tua ignorância, meu amorzinho querido, e fica inocente até o momento de aplaudires o ato cometido. – Vinde, Noite, vendar-nos os olhos, selar o terno olhar deste Dia compassivo, e, com vossa mão invisível e de sangue sedenta, cancelai e fazei em pedaços esse documento que a mim me cerceia os movimentos. A luminosidade vai se turvando, e o corvo alça voo e vai para a mata escura. As boas criaturas do Dia começam a desanimar e dormitam, enquanto os negros agentes da Noite atiçam-se para suas presas. – Estás admirada com minhas palavras. Mas não, não fala nada. Coisas pérfidas, depois de paridas, só fazem crescer, cada vez mais fortes, alimentadas pelo mal. Portanto, peço-te, vem comigo.

[*Saem.*]

CENA III

Um parque, com uma estrada que conduz ao palácio.

Entram três Assassinos.

Primeiro assassino – Mas quem ordenou-te juntar-se a nós?

Terceiro assassino – Macbeth.

Segundo assassino – Ele não tem necessidade de desconfiar de nós, já que ele mesmo distribui nossas funções e diz o que temos de fazer até o último detalhe.

Primeiro assassino – Então fica conosco. O Poente ainda cintila nos últimos raios do dia. É nesta hora que o viajante retardatário mete as esporas em sua montaria e apressa-se para alcançar a tempo o local de hospedagem. E vem aproximando-se, senhores, aquele que é o motivo de ser desta nossa atalaia.

Terceiro assassino – Escutem! É barulho de cavalos!

Banquo – [*de dentro*] Alguém aí nos traga uma tocha, alô!

Segundo assassino – Então esse é ele. Todos os outros que constam da lista de convidados já se encontram na Corte.

Primeiro assassino – Os cavalos estão sendo levados de volta.

Terceiro assassino – Quase uma milha. Ele faz isso, todos fazem isso de rotina, pois daqui até os portões do Palácio é um passeio.

[*Entram Banquo e Fleance, com uma tocha.*]

Segundo assassino – Uma tocha! Uma tocha!

Terceiro assassino – É ele.

Primeiro assassino – A postos!

Banquo – Vai cair chuva esta noite.

Primeiro assassino – Que caia!

[*Os três atacam Banquo.*]

Banquo – Ah, traição! – Foge, meu bom Fleance, foge, foge, foge! Poderás me vingar. – Ah, criatura vil!

[*Morre. Fleance escapa.*]

Terceiro assassino – Quem apagou a luz?

Primeiro assassino – Não era para apagar?

Terceiro assassino – Tem apenas um caído. O filho escapou.

Segundo assassino – Perdemos a metade melhor de nosso negócio.

Primeiro assassino – Bem, vamos sair daqui. Contaremos o tanto que foi feito.

[*Saem.*]

CENA IV

O salão de banquetes do palácio.

O banquete está servido. Entram Macbeth, Lady Macbeth, Ross, Lennox, Lordes e Serviçais.

Macbeth – Os senhores conhecem suas posições. Sentai-vos. Para começar e para encerrar, nossas calorosas boas-vindas.

Lordes – Somos gratos a Vossa Majestade.

Macbeth – Nossa pessoa irá socializar com os senhores e desempenhará o papel de humilde anfitrião. Nossa anfitriã mantém seu posto, no trono que lhe cabe, mas, no momento apropriado, pediremos a ela que lhes dê as boas-vindas.

Lady Macbeth – Pronuncie-as por mim, senhor, para todos os nossos amigos, pois é meu coração quem diz que eles são bem-vindos.

[*Entra o Primeiro Assassino.*]

Macbeth – Vê, eles te saúdam com os corações agradecidos. Temos igual número de convivas de um lado e de outro da mesa. Aqui sento-me eu, no centro. Fiquem à vontade, divirtam-se! Logo beberemos uma rodada.

[*Vai até a porta.*]

Há sangue no seu rosto.

Assassino – Então é sangue de Banquo.

Macbeth – Melhor assim, esse sangue manchando tua pele e não nas veias dele correndo. Está ele liquidado?

Assassino – Meu Rei, ele tem a garganta cortada, e isso eu fiz por ele.

Macbeth – O senhor é o melhor dos degoladores, mas também é bom quem fez o mesmo por Fleance. Se o senhor degolou-os a ambos, não há quem se lhe compare.

Assassino – Sua Alteza Real, Fleance escapou.

Macbeth – Então voltam os meus piores temores. Do contrário, eu estaria em perfeita segurança, íntegro como o mármore, sólido como uma rocha, tão livre e liberado como o ar que nos circunda. Agora, porém, estou confinado, coibido, contido, amarrado por dúvidas intrusas, encurralado em pavorosas suspeitas. Mas Banquo está seguro?

Assassino – Sim, meu Rei. Perfeitamente seguro, numa vala que lhe serve de morada, com vinte profundos talhos abertos em sua cabeça, o menor dos quais suficiente para uma morte na Natureza.

Macbeth – Por isso somos gratos. Lá jaz a serpente madura. O verme que fugiu é de uma natureza que a seu tempo produzirá veneno, mas que por ora não dispõe de dentes. O senhor está dispensado. Amanhã encontramo-nos de novo, e então conversaremos.

[*Sai o Assassino.*]

Lady Macbeth – Meu Real Senhor, o senhor não está entretendo os seus convidados. Arruína-se a festa que se desenrola sem que o anfitrião reitere várias vezes aos presentes como eles são bem-vindos. Sentem eles que melhor seria alimentarem-se em suas casas. Por isso, a cortesia cerimoniosa é o molho de cada prato, é o encanto do encontro que, sem cordialidades, ficaria insosso.

Macbeth – Doce lembrete. – Agora, que a boa digestão preste homenagem ao apetite, e que a saúde homenageie a ambos.

Lennox – Não gostaria Sua Alteza de sentar-se?

[*Entra o fantasma de Banquo e senta-se no lugar de Macbeth.*]

Macbeth – Teríamos aqui, agora, a totalidade dos mais honrados nobres de nossa terra estivesse presente conosco a graciosa pessoa de nosso querido Banquo. Prefiro nele censurar esta descortesia que imaginar um infortúnio com que compadecer-me.

Ross – A ausência dele, Senhor, acusa-o de faltar com a palavra empenhada. Não seria do agrado de Vossa Alteza conceder-nos a graça de sua real companhia?

Macbeth – A mesa está cheia.

Lennox – Aqui há um lugar reservado, Senhor.

Macbeth – Onde?

Lennox – Aqui, meu bom Rei. O que o está deixando assim alterado, Alteza?

Macbeth – Qual dos senhores fez isso?

Lordes – O quê, meu bom Rei?

Macbeth – Não podes dizer que eu fiz isso. Não sacudas diante de mim teu cabelo ensanguentado.

Ross – Cavalheiros, ergam-se de seus assentos. Sua Alteza não está bem.

Lady Macbeth – Sentem-se, valorosos amigos. O senhor meu marido fica algumas vezes assim, e isso desde a juventude. Peço-lhes que permaneçam sentados. O acesso é momentâneo, e, antes que os senhores possam dizer uma palavra, ele estará bem de novo. Se nele prestarem muita atenção, estarão ofendendo Sua Majestade e aumentando seu ânimo exaltado. Comam, e não mais olhem para ele. – És homem ou não?

Macbeth – Sim, e de coragem, pois me atrevo a encarar aquilo que poderia deixar apavorado o próprio Diabo.

Lady Macbeth – Mas que asneira! Isso é um quadro que pintaste com as tintas do teu medo. Isso é aquela adaga planando em pleno ar que, como tu disseste, conduziu-te até Duncan. Ah, esses rompantes e sobressaltos (impostores, e não o verdadeiro medo) estariam bem encaixados numa história contada por uma mulher, ao pé do fogo, e com a aprovação da avó. Toma vergonha na cara! Por que fazes tais trejeitos? Depois que tudo passou, não vês mais que uma cadeira.

Macbeth – Eu te suplico, olha ali. Vê, olha, enxerga! – O que me dizes? – Mas, também, o que me importa? – Se consegues acenar com a cabeça, podes falar. Fala! – Se os cemitérios, se nossas sepulturas precisam nos mandar de volta aqueles que enterramos, melhor seria que nossos túmulos fossem as moelas dos abutres.

[*Sai o Fantasma.*]

Lady Macbeth – O quê? Totalmente desvirilizado nessa tua loucura?

Macbeth – Tão certo como aqui estou, na tua frente, eu o vi.

Lady Macbeth – Fora! Que vergonha!

Macbeth – Muito sangue foi derramado em outros tempos, num passado anterior a terem as leis dos homens purgado uma nação civilizada. Sim, e depois disso também, assassinatos foram cometidos, terríveis demais para serem descritos. Já se foi o tempo em que um homem morria quando lhe arrancavam os miolos e... fim, estava liquidado o assunto. Nos tempos de agora, eles se põem de pé de novo, com vinte golpes mortais na cabeça, e nos tomam a cadeira. Isso é ainda mais criminoso que uma tal morte.

Lady Macbeth – Meu valoroso Rei, teus nobres amigos sentem tua falta.

Macbeth – Já estava esquecendo. – Não se espantem comigo, meus caríssimos amigos. Sofro de estranha enfermidade, que não significa nada para aqueles que me conhecem. Vamos lá, saúde e amor a todos. E agora vou me sentar. – Sirvam-me de vinho, podem encher o copo até a borda.

[*Entra o Fantasma.*]

Faço um brinde à alegria geral de todos os aqui presentes e ao nosso querido amigo Banquo, de quem sentimos falta nesta mesa. Se ao menos ele pudesse estar aqui. Bebemos à saúde de todos, à dele, e a tudo de bom para todos nós.

Lordes – Ao nosso dever, que é jurar-vos lealdade, Alteza.

Macbeth – Vai-te embora daqui, desaparece de minha vista, deixa que a terra te cubra. Teus ossos carecem de medula, teu sangue está gelado. Não há perspicácia nesses olhos com que me fixas o olhar.

Lady Macbeth – Pensem nisto, nobres pares, como algo rotineiro. É tão somente isso, só que nos estraga a alegria deste momento.

Macbeth – O que o homem ousa eu ouso. Aproxima--te, mas vem como o brutal urso da Rússia, como os beligerantes rinocerontes, até mesmo como o tigre da

Hircânia. Assume qualquer forma, menos essa tua, e meus nervos firmes jamais padecerão de medo. Ou então, aparece-me vivo de novo e desafia-me com tua espada para que nos defrontemos em lugar deserto. Se este corpo que abriga o meu ser puser-se então a tremer, apregoa aos quatro ventos que não sou mais que uma mocinha. Afasta-te, sombra medonha, arremedo de fantasma, some-te daqui!

[*Sai o Fantasma.*]

Pois, ora!... Tendo se ido, volto eu a ser homem. – Peço aos senhores que permaneçam em seus lugares.

Lady Macbeth – Desnorteaste a alegria, despedaçaste uma boa reunião com esse teu surpreendente desarranjo.

Macbeth – Podem tais coisas sucederem-se e de nós tomarem conta... como chuvas de verão... sem que sejam para nós uma especial surpresa? Tu fazes com que eu me sinta um estranho até mesmo frente às minhas próprias inclinações naturais, quando penso agora que tu consegues enxergar tais cenas e manter o corado natural de tuas faces quando meu rosto fica pálido de terror.

Ross – Que cenas, meu Rei?

Lady Macbeth – Peço-lhe que o senhor não fale mais nada. Ele está ficando cada vez pior. Enfurecem-no as perguntas que lhe fazem. – Já lhes desejo uma boa noite a todos. Levantem-se, e não há necessidade de respeitarem a ordem de saída, mas saiam de uma vez.

Lennox – Boa noite. Estimo as melhoras de Sua Majestade.

LADY MACBETH – Uma muito boa noite a todos.

[*Saem os Lordes.*]

MACBETH – Haverá sangue, dizem eles. Sangue chama mais sangue. Sabe-se de pedras que se movem e de árvores que falam. Augúrios e relações implícitas foram postos a descoberto por gralhas, corvos e abutres, trazendo à tona o homem mais oculto dentre todos os sanguinários. – A que horas da noite estamos?

LADY MACBETH – Naquela hora em que luta a noite com o amanhecer, sem que se saiba qual está levando vantagem.

MACBETH – Que te parece, Macduff ter-nos negado a presença de sua pessoa, mesmo tendo recebido convite formal para esta nossa grande solenidade?

LADY MACBETH – Enviaste a ele um mensageiro, meu Senhor?

MACBETH – Foi por acaso que me inteirei desse assunto. Mas mandarei a ele um mensageiro. Não há um único deles em cuja casa não tenha um criado que por mim é pago. Irei amanhã (e irei cedo) ter com as Estranhas Irmãs. Terão de me dizer mais, pois agora estou determinado a saber o pior, pelos piores meios. Para meu próprio bem, todas as causas agora são secundárias à minha vontade. Estou atolado em sangue a um tal ponto que prosseguir nessa lama não me é possível e, no entanto, recuar é outra impossibilidade. Minha cabeça está tomada por ideias estranhas, que pedem para ser executadas, e que devem ser levadas a cabo antes de serem examinadas.

Lady Macbeth – A ti falta aquilo que tempera a natureza, preserva as criaturas: o sono.

Macbeth – Vem, vamos dormir. Os maus-tratos que infligi a mim mesmo, iludindo-me tão estranhamente, não é mais que o medo dos recém-iniciados numa matéria que requer experiência. Somos ainda muito verdes nessas coisas.

[*Saem.*]

CENA V

No pântano.

Som de trovões. Entram as três Bruxas, e encontram Hécate, rainha das feiticeiras.

Primeira bruxa – Ora, mas por que, Hécate, mostra-se você tão zangada?

Hécate – E não tenho razão para assim estar, sendo vocês as três megeras caducas que são? Impudentes, e temerárias, como atreveram-se a negociar, barganhar, traficar com Macbeth em charadas e questões de morte? E eu, a mestra de todos os seus feitiços, a inventora minuciosa de todos os males, não fui chamada nem para exibir meus dons nem para apresentar a glória de nossa arte? E, o que é pior, tudo o que vocês fizeram foi por um filho cheio de caprichos, malévolo, colérico, homem que (como tantos outros fazem) ama suas próprias metas e não a vocês, não estima o mal como o meio que é para seus fins. Mas agora vocês podem reparar o seu erro: vão andando, e no grego abismo do rio Aqueronte encontrem-me ao amanhecer. Lá ele estará, para saber de seu destino. Providenciem os seus caldeirões, suas magias, seus encantamentos e tudo o mais. Quanto a mim, transporto-me pelo ar. Esta noite passarei tecendo uma fatalidade, funesto fim. Uma grande obra deve ser lavrada antes do meio-dia. Do canto da lua pendem gotas vaporosas, profundamente poderosas. Vou apanhá-las antes que cheguem ao solo. Essas gotas, destiladas por habilidades mágicas, evocarão espíritos tão irreais que, dada a força de sua ilusão, encaminharão esse homem para a sua desgraça. Ele vai menosprezar o Destino e zombar da Morte, e nutrirá suas esperanças sem levar em consideração o bom senso, a delicadeza de espírito e os receios dos mortais. E, como vocês todas sabem, a excessiva confiança é o maior inimigo do homem.

[*Música, e uma canção é entoada.*]

Ouçam, estou sendo chamada. Meu espírito de criança, vejam, está sentado numa nuvem fechada, aguardando por mim.

[*Canção é entoada, de dentro: "Vem embora, vem embora, Hécate, Hécate, vem embora!" etc.*]

Primeira bruxa – Vamos, apressemo-nos, ela retorna logo, logo.

[*Saem.*]

CENA VI

Em algum lugar da Escócia.

Entram Lennox e um outro Lorde.

LENNOX – Minhas palavras anteriores apenas encontraram eco em seus pensamentos, que podem ir além e interpretar o que foi dito. Só estou dizendo que certas coisas foram estranhamente conduzidas. O bondoso Rei Duncan foi piedosamente mencionado por Macbeth. Também, por Nossa Senhora, o homem está morto! E o correto e valente Banquo andou na estrada tempo demais, e dele pode-se dizer (se for do seu agrado) que Fleance matou o infeliz, porque Fleance fugiu. Os homens não deviam andar nessas estradas da vida até muito tarde. Quem não poderia deixar de pensar o quão monstruoso foi terem Malcolm e Donalbain matado seu benevolente pai! Ato hediondo, e como deixou Macbeth pesaroso! Pois não retalhou ele, de imediato, os dois delinquentes, escravos da bebida, cativos do sono, tomado que estava ele de uma fúria piedosa? Não foi um ato de nobreza? Sim, e de esperteza também. Pois teria causado indignação a qualquer coração vivo saber que os homens estavam a negar a autoria do crime. Então isso eu posso afirmar: ele soube levar muito bem todas as coisas, e penso que, tivesse ele os filhos de Duncan trancafiados (e, se Deus quiser, ele jamais os terá), eles teriam descoberto o que significa um filho matar o pai. Do mesmo modo, Fleance. Mas, mantenhamos a calma! Por algumas palavras muito liberais, e por ter faltado ao banquete do tirano, ouvi falar que Macduff caiu em desgraça. Pode o senhor dizer-me onde ele encontrou alojamento?

Lorde – O filho de Duncan (de quem esse tirano pegou o que lhe é de direito por nascimento) vive na Corte inglesa, onde é recebido pelo piedosíssimo Eduardo, e com tais honras que a malevolência do Destino nada lhe roubou do alto respeito que lhe é devido. Para lá dirigiu-se Macduff, a fim de pedir ao santo Rei que apoie Malcolm, a fim de que se acordem os espíritos belicosos de Northumberland e do guerreiro Siward e que, com o auxílio destes (e com o Todo Poderoso lá em cima para ratificar o feito), possamos mais uma vez pôr carne em nossas mesas, conciliar o sono em nossas noites. Para que se livrem nossas festividades e banquetes de adagas ensanguentadas. Para que possamos verdadeiramente homenagear uns e de outros livremente receber as honras, tudo por que ansiamos agora. E essa notícia exasperou de tal modo o Rei que ele agora põe-se em preparativos de guerra.

Lennox – Mandou ele mensagem a Macduff?

Lorde – Mandou. E com um resoluto "Não eu, Senhor", o irado mensageiro me vira as costas e fica murmurando qualquer coisa. Como quem diz "O senhor vai lamentar o tempo que me toma trazer essa resposta".

Lennox – Pois que isso lhe sirva de aviso, para que ele seja cauteloso, para que fique o mais longe aconselhável por sua própria esperteza. Tomara algum Anjo sagrado voasse até a Corte inglesa, para revelar-lhe a mensagem antes do mensageiro. Tomara uma bênção pudesse sem demora retornar a este nosso pobre país, tão sofrido sob o jugo dessa mão amaldiçoada.

Lorde – Mandarei junto com ele as minhas preces.

[*Saem.*]

QUARTO ATO

CENA I

Uma caverna na zona do pântano. No centro, um caldeirão fervendo.

Som de trovões. Entram as três Bruxas.

Primeira bruxa – Três vezes miou o gato malhado.

Segunda bruxa – Três vezes e uma mais choramingou o ouriço.

Terceira bruxa – E, gritando, encontra-se Harpia: "Está na hora! Está na hora!".

Primeira bruxa –

Ao redor do caldeirão dançamos.
Entranhas envenenadas dentro dele jogamos.
Sapo, tu que dormiste sob a pedra fria
trinta e uma noites, trinta e um dias,
tu que geraste uma peçonha suada,
és o primeiro a ferver na panela encantada.

Todas –

Em dobro, em dobro, muito azar e muito esforço,
borbulha, caldeirão, ferve e referve no teu fogo.

Segunda bruxa –

Dos pântanos, um filé de cobra
no caldeirão ferve e se redobra.
Olho de salamandra, da rã uma patinha,
pelo de morcego, do cão a linguinha.

Língua bifurcada de víbora, da cobra-de-vidro uma picada,
perna torta de lagartixa, do filhote da coruja uma asa.
Formam um feitiço de profunda força infernal,
fervem em fogo forte, fermentam em caldo quente do mal.

TODAS –
Em dobro, em dobro, muito azar e muito esforço,
borbulha, caldeirão, ferve e referve no teu fogo.

TERCEIRA BRUXA –
Dente de lobo, escama de dragão,
pó medicinal de bruxa, bucho e goela de tubarão,
bicho farto de humana carne
encontrada em alto mar.
Raiz de cicuta, cavoucada
na escuridão da madrugada.
Fígado de judeu blasfemo,
bílis de bode, e lascas de teixo
cortadas no eclipse lunar.
Nariz de turco, beiço de um tártaro,
dedinho de um bebê estrangulado ao nascer,
nascido ao relento, uma prostituta por parteira.
Engrossam o grude.
Além disso, as tripas de um tigre
complementam os ingredientes de nossa caldeirada.

TODAS –
Em dobro, em dobro, muito azar e muito esforço,
borbulha, caldeirão, ferve e referve no teu fogo.

Segunda bruxa –

Esfria-se tudo com o sangue de um babuíno,
e pronto está o feitiço, feito de modo genuíno.

[*Entra Hécate e junta-se às outras três Bruxas.*]

Hécate – Ah, muito benfeito!
Tenho em alta consideração a trabalheira das três,
e terá sua parte nos lucros cada uma de vocês.
E agora, cantem em volta do caldeirão,
num círculo, como fadas e duendes,
lançando, sobre essa vossa poção,
encantamentos a todos os ingredientes.

[*Música, e uma canção é entoada: "Espíritos das trevas, brancos e negros, cinza, vermelhos, misturem, mexam-se, misturem, mexam-se" etc.*]

Segunda bruxa –

Os dedões de meus pés estão formigando.
Algo de muito ruim está nos alcançando.
Pois que se abra a porta, seja lá a que alma torta.

[*Entra Macbeth.*]

Macbeth – Expliquem-me vocês, suas bruxas medonhas, feiticeiras negras, noturnas, nefastas: o que fazem as três?

Todas – Feitos inomináveis.

Macbeth – Eu vos conjuro, pela arte que professam (não importa como a aprenderam), respondam-me: vocês, que desamarram os ventos e deixam que eles combatam as igrejas, ventos que vão fermentar as ondas do mar para que elas confundam e engulam as embarcações, os mesmos ventos que arrancam do pé o milho que ainda nem é espiga, ventos que derrubam árvores inteiras, que fazem tombar os castelos sobre as cabeças de suas sentinelas; vocês, que desamarram esses ventos que fazem escorregar até o chão os topos de palácios e pirâmides, ventos que embolam tudo junto, os tesouros de função germinal da Natureza, a ponto de ficar nauseada a própria destruição; vocês, que desamarram esses ventos, deem-me respostas para aquilo que lhes venho perguntar.

Primeira bruxa – Fale.

Segunda bruxa – Pergunte.

Terceira bruxa – Nós responderemos.

Primeira bruxa – Diga o senhor se não prefere ouvir a resposta de nossos mestres, em vez de ouvi-la de nossas bocas.

Macbeth – Chamem-nos! Deixem-me vê-los!

Primeira bruxa – Derrame-se aqui dentro o sangue de uma porca que comeu sua ninhada de nove porquinhos. Jogue-se às chamas o suor ensebado que se tira da corda que enforcou um assassino.

Todas – Dentre os mais elevados ou dentre os mais baixos na hierarquia, vinde vós, e demonstrai vosso ofício com maestria.

[*Som de trovões. Surge a Primeira Aparição, uma cabeça armada.*]

Macbeth – Dizei-me, vós que sois um poder desconhecido.

Primeira bruxa –

Ele conhece os teus pensamentos.
Ouça o que ele diz,
mas não diga nada,
nem agora e em nenhum momento.

Primeira aparição – Macbeth, Macbeth, Macbeth! Acautele-se contra Macduff, acautele-se contra o Barão de Fife. Dispensem-me. Isso é tudo.

[*A cabeça desce e desaparece.*]

Macbeth – Seja lá quem sejais vós, por vosso bom aviso, obrigado. Vós soubestes adivinhar os meus temores corretamente. Mas, esperai, mais uma palavra...

Primeira bruxa – Ele não acata ordens. Já lá vem outro, este mais poderoso que o primeiro.

[*Som de trovões. Surge a Segunda Aparição, uma criança ensanguentada.*]

Segunda aparição – Macbeth, Macbeth, Macbeth.

Macbeth – Tivesse eu três ouvidos e estaria vos ouvindo com todos os três.

Segunda aparição – Seja sanguinário, destemido e resoluto. Ria com escárnio da força dos homens, pois ninguém nascido de mulher pode fazer mal a Macbeth.

[*Desce e desaparece.*]

Macbeth – Então vive, Macduff! Que necessidade tenho eu de temer-te? Todavia, redobrarei essa segurança e pedirei garantias ao Destino. Não viverás! E assim poderei dizer a um Medo de pálido coração que ele mente. E conciliarei o sono, a despeito dos trovões.

[*Som de trovões. Surge a Terceira Aparição, uma criança coroada, segurando na mão uma árvore.*]

O que é isso, que se levanta como filho varão de um Rei e traz na cabeça de criança uma coroa, símbolo máximo de um soberano?

Todas – Escute, mas não se dirija a ele.

Terceira aparição – Seja valente como um leão, orgulhoso, e não dê atenção aos outros. Eles que se irritem, eles que se queixem, eles que conspirem onde bem entenderem. Macbeth jamais será vencido, a menos que o Grande Bosque de Birnam marche contra ele, vencendo as doze milhas até os altos da Colina Dunsinane.

[*Desce e desaparece.*]

Macbeth – Isso jamais acontecerá. Quem pode recrutar a mata, ordenar às árvores que desprendam suas raízes fixas no solo? Doces profecias, que bom! Tu, morto revoltado, não te levantes até que o Bosque de Birnam tenha se levantado, e o nosso Macbeth, na mais alta posição, viverá o que lhe arrendou a Natureza, soltará seu último suspiro em seu devido tempo e de acordo com os hábitos dos mortais. Ainda assim, meu coração dispara, ansioso por saber uma coisa. Digam-me, se vossa Arte pode tanto assim: o descendente de Banquo chegará algum dia a comandar este Reinado?

Todas – Não queira saber mais do que já sabe.

Macbeth – Minha curiosidade será satisfeita. Neguem-me isso, e uma praga eterna vos perseguirá. Digam-me, para que eu saiba. Por que razão vai se afundando esse caldeirão? E que barulho é esse, que parece um trio de músicos tocando numa taverna?

[*Som de oboés.*]

Primeira bruxa – Pantomima!

Segunda bruxa – Pantomima!

Terceira bruxa – Pantomima!

Todas –

Mostrem-se aos olhos dele
Aflijam-lhe o coração
Aproximem-se como sombras
Afastem-se como aparição

[*Inicia-se uma pantomima de oito Reis que se mostram em sequência, sendo que Banquo vem por último, com um espelho na mão.*]

Macbeth – Tu te pareces demais com o fantasma de Banquo. Some-te, vai lá para baixo! Tua coroa queima-me os olhos. E quanto à tua aparência, tu, outra fronte de ouro cingida, é igual à primeira. Ainda uma terceira, e é como as anteriores. – Suas feiticeiras imundas! Por que me mostram isso? – Um quarto semblante? Que se arranquem os meus olhos! Vai essa fileira estender-se até o amanhecer do Dia do Juízo Final? Ainda outro? Um sétimo? Recuso-me a ver mais. E, mesmo assim, aparece-me um oitavo, carregando um espelho, bola de cristal que me revela muitos mais. E alguns eu vejo carregando dois orbes e três cetros. Visão mais medonha! Agora vejo que é verdade, pois Banquo, o cabelo empastado de sangue, me sorri e me aponta os outros, seus descendentes.

[*Somem-se as visões.*]

Mas, como? Será isso mesmo?

Primeira bruxa – Sim, meu Senhor e Rei, tudo isso é assim mesmo. Mas por que Macbeth fica assim tão surpreso?

Venham, irmãs, vamos o espírito alegrar-lhe,
o melhor de nossos encantos mostrar-lhe.
Para se ter a música, enfeitiço o ar,
enquanto vocês duas põem-se a dançar.
Que possa o grande Rei observar:
Sabemos um monarca reverenciar.

[*Música. As Bruxas dançam e desaparecem.*]

Macbeth – Onde estão elas? Foram embora? Pois que fique para sempre amaldiçoada no Calendário esta hora perniciosa. – Entre, seja você quem for, que está aí fora.

[*Entra Lennox.*]

Lennox – O que deseja Vossa Majestade?

Macbeth – Você viu as Estranhas Irmãs?

Lennox – Não, meu Rei.

Macbeth – Não passaram por você?

Lennox – Não, realmente não, meu Rei.

Macbeth – Infectado seja o ar por onde elas cavalgam, e amaldiçoados sejam todos os que nelas acreditam. – Ouvi o barulho do galope de um cavalo. Quem chegou?

Lennox – São dois ou três, meu Rei, que lhe trazem novidades: Macduff fugiu para a Inglaterra.

Macbeth – Fugiu para a Inglaterra?

Lennox – Sim, meu bom Rei.

Macbeth – Ó tempo, tu que antecipas minhas pavorosas proezas: o intento veloz só se concretiza quando acompanha-o uma ação. A partir deste momento, os primeiros impulsos de meu coração serão também os primeiros impulsos de meu braço. E, agora mesmo, a fim de coroar com atos os meus pensamentos, que isto seja pensado e feito: tomarei de surpresa o Castelo de Macduff, sequestrarei Fife. Ao fio da lâmina apresentarei sua esposa, seus filhos e todas as infelizes almas que porventura sejam da sua estirpe. Não vou me vangloriar como um bobo; antes agirei, antes que o intento esfrie, e chega de ter visões. – Onde estão esses senhores? Venha, leve-me até eles.

[*Saem.*]

CENA II

Fife. Um aposento no castelo de Macduff.

Entra a esposa de Macduff, seu Filho e Ross.

Lady Macduff – Que fez ele para ver-se obrigado a fugir de sua terra?

Ross – A senhora precisa ter paciência.

Lady Macduff – Coisa que ele não teve. Fugir assim é loucura. Quando não fazem de nós traidores as nossas ações, nossos medos disso encarregam-se.

Ross – A senhora não tem como saber se no caso dele foi medo ou prudência.

Lady Macduff – Prudência? Abandonar a esposa, abandonar os filhos pequenos, a mansão e tudo o que de direito a ele pertence, num lugar de onde ele mesmo foge? Ele não nos ama. A ele faltam os instintos naturais. Tendo filhotes no ninho, luta até mesmo a pobre carriça (o menorzinho de todos os passarinhos), contra a coruja. É tudo medo, e nada é amor. Também nenhuma é a prudência, quando uma fuga assim corre tão contra a razão.

Ross – Minha querida prima, contenha-se. Quanto ao seu marido, ele é nobre, prudente, criterioso e grande conhecedor dos altos e baixos de nossos tempos. Não me atrevo a dizer mais, mas cruel é esta nossa época, quando somos traidores antes mesmo de conhecermo-nos a nós mesmos; quando o medo leva-nos a acreditar em rumores, sendo que não sabemos nem mesmo o que nos causa esse medo; pelo contrário, flutuamos em um mar selvagem e violento que nos carrega de um lado para outro. Com sua licença, vou me retirando. Não demorará muito e estarei de volta. Na pior das circunstâncias, as coisas interrompem-se. Quando não, melhoram em direção ao que eram antes. E você, meu lindo priminho, que Deus o abençoe.

Lady Macduff – Pois este é um que tem pai e, no entanto, está órfão.

Ross – Fico tão comovido que seria insensatez ficar mais tempo; seria fraqueza minha para seu constrangimento. Retiro-me, com sua licença, imediatamente.

[*Sai Ross.*]

Lady Macduff – Senhor meu filho, seu pai está morto, e o que fará você agora? Como conseguirá viver?

Filho – Como os passarinhos, Mãe.

Lady Macduff – Mas, como? Alimentando-se de minhocas e moscas?

Filho – Quis dizer alimentando-me com o que eu conseguir, que é o que fazem os passarinhos.

Lady Macduff – Pobre pássaro, você nunca teve medo de rede, alçapão, armadilha, laço, lodo que lhe prendesse o pé.

Filho – Por que deveria, Mãe? Pobres pássaros não são presa cobiçada. Por tudo que a senhora diz, meu pai não está morto.

Lady Macduff – Sim, está morto. Como você vai fazer para arranjar um pai?

Filho – A pergunta é: como a senhora vai fazer para arranjar um marido?

Lady Macduff – Ora, eu posso comprar vinte deles em qualquer mercado.

Filho – Só compra assim quem está pensando em revender.

Lady Macduff – Você fala com toda essa sua esperteza, e, na verdade, é esperteza demais para a sua pouca idade.

Filho – Meu pai era um traidor, Mãe?

Lady Macduff – Ah, isso ele era.

Filho – O que é um traidor?

Lady Macduff – Ora, um que está mentindo quando faz uma promessa.

Filho – São todos traidores, os que assim procedem?

Lady Macduff – Todos e cada um que assim procede é um traidor e deve ser enforcado.

Filho – E devem todos ser enforcados, os que mentem ao fazer uma promessa?

Lady Macduff – Todos e cada um.

Filho – E quem deve enforcá-los?

Lady Macduff – Ora, os homens honestos.

Filho – Então os mentirosos que fazem falsas promessas são uns bobalhões, pois há tantos mentirosos e falsos que eles poderiam espancar e enforcar os homens honestos.

Lady Macduff – Ora vamos, que Deus o ajude, meu pobre bichinho. Mas como você vai fazer para arranjar um pai?

Filho – Se ele estivesse morto, a senhora estaria por ele derramando lágrimas. E, se não estivesse chorando, isso seria um bom sinal, sinal de que eu teria em breve um novo pai.

Lady Macduff – Meu pobre tagarela, como você fala!

[*Entra um Mensageiro.*]

Mensageiro – Que Deus a abençoe, formosa dama. Não sou de Vossa Senhoria conhecido, embora eu conheça perfeitamente vossa alta posição. Tenho razões para crer que um perigo de vós se aproxima, e está perto. Se a senhora quiser aceitar o conselho de um humilde homem, não se deixe surpreender aqui. Trate de fugir daqui com seus filhos. Bem sei que é deveras cruel de minha parte assustá-la deste modo. Fazer coisa pior à senhora seria desumana crueldade, e essa está próxima demais de Vossa Senhoria. Que os céus a protejam! Não ouso aqui permanecer nem mais um minuto.

[*Sai o Mensageiro.*]

Lady Macduff – Para onde poderia eu fugir? Não fiz mal algum. Mas agora ocorre-me que estou neste mundo terreno, onde fazer o mal é muitas vezes louvável e fazer o bem algumas vezes foi considerado ato perpetrado por louco perigoso. Mas então, ai de mim, por que lançar mão dessa defesa feminina – alegar que não fiz mal algum? – Que rostos são esses?

[*Entram os Assassinos.*]

Primeiro assassino – Onde está vosso marido?

Lady Macduff – Espero que em nenhum lugar tão excomungado onde um tipo como você possa encontrá-lo.

Primeiro assassino – Ele é um traidor.

Filho – Está mentindo, seu verme guedelhudo.

Primeiro assassino – O quê? Ora, seu cocô de galinha! Filhote de traidor!

[*Apunhala o Menino.*]

Filho – Ele me matou, Mãe! Corre, foge daqui, eu suplico!

[*Morre.*]

[*Lady Macduff sai, gritando "Assassínio" e perseguida pelos Assassinos.*]

CENA III

Inglaterra. Do lado de fora do palácio real.

Entram Malcolm e Macduff.

Malcolm – Procuremos uma sombra desolada, e lá poderemos verter lágrimas até que se aliviem nossos corações entristecidos.

Macduff – Em vez disso, empunhemos, rápido, a adaga que mata e, como homens de bem, defendamos nossa pátria maltratada. A cada nova manhã, novas viúvas uivam de dor, novos órfãos choram, novos pesares vão esbofeteando o Céu na cara, e isso ressoa como se o Céu se apiedasse da Escócia, berrando sílabas de agonia.

Malcolm – Chorarei tão somente por aquilo em que acredito; acreditarei tão somente naquilo que sei ser fato; e tudo que eu puder remediar será feito à medida em que o tempo for se mostrando companheiro. Isso eu farei. O que o senhor disse até pode ser que seja verdade. Esse Tirano, cujo nome, só em ser pronunciado, cobre de bolhas as nossas línguas, foi um dia considerado honesto. O senhor mesmo, a ele dedicou respeito e afeição. Ele ainda não o prejudicou. Sou jovem, mas sei que, usando-me, algum favorecimento dele o senhor pode ganhar. Diz o bom senso que sacrifica-se um pobre e fraco cordeiro inocente para apaziguar um deus irado.

Macduff – Não sou traiçoeiro.

Malcolm – Mas Macbeth é. Uma pessoa de natureza boa e virtuosa pode retrair-se sob o peso de responsabilidades imperiais. Mas devo pedir-lhe humildemente que me perdoe: aquilo que o senhor é não pode ser transformado por minhas ideias. Os anjos ainda são brilhantes, embora o mais brilhante dentre eles tenha caído. Mesmo que todas as sórdidas silhuetas vestissem os trajos da Benevolência, ainda assim a Benevolência preserva, sempre, sua aparência benévola.

Macduff – Eu perdi a esperança.

Malcolm – Talvez no mesmo lugar onde eu descobri minhas dúvidas. Por que deixou o senhor esposa e filho desamparados, expostos a tanto perigo? Pois não os deixou, esses incentivos preciosos, esses fortes laços de amor, sem nem mesmo um adeus? Suplico-lhe, não interprete minhas suspeitas como desabonadoras à sua pessoa; antes, são minhas salvaguardas. O senhor pode ser verdadeiramente honesto, pense eu o que pensar.

Macduff – Sangra, sangra, pobre Pátria. E tu, poderosa Tirania, podes assentar com segurança tuas fundações, pois o Bem não ousa contrariar-te. Podes desfilar com o teu saque, pois teu título recebeu confirmação. – Quanto ao senhor, passar bem, milorde. Eu não poderia ser o vilão que o senhor imagina, nem por todas as terras que estão sob o jugo do Tirano, mesmo acrescidas de todas as riquezas do Oriente.

Malcolm – Por favor, não se ofenda! Minhas palavras não foram motivadas por algum medo incondicional de sua pessoa. Penso que nossa pátria vai se afundando ao peso de uma canga. Penso que nossa pátria verte lágrimas e sangue, e a cada novo dia um talho soma-se às feridas já abertas. Penso, além disso, que haverá mãos erguidas pela defesa de meus direitos. E, aqui, a Inglaterra em sua generosidade oferece-me uns bons milhares de mãos assim beligerantes. Contudo, quando eu tiver conseguido pisar na cabeça do Tirano, ou tê-la na ponta de minha espada, de novo minha pobre Pátria terá vícios, ainda mais do que antes, e mais sofrimentos, e estes mais vários do que nunca, e causados por quem a ele suceder.

Macduff – E quem será esse?

Malcolm – Estou falando de mim mesmo, pessoa de quem conheço todos os vícios, dos maiores aos menores, vícios esses tão bem nutridos que, ao amadurecerem, farão o negro Macbeth parecer impoluto como a neve recém-caída. E o pobre Estado terá por ele estima, como a um cordeirinho, se comparado com minhas ilimitadas iniquidades.

Macduff – Nem mesmo nas horrendas legiões do Inferno pode haver diabo tão amaldiçoado em suas maldades a ponto de suplantar Macbeth.

Malcolm – Concordo: ele é sanguinário, devasso, ávaro, falso, enganador, violento, maldoso, cheira a cada pecado que se pode nomear. Mas, não há fim para minha voluptuosidade. Nem todas as esposas, todas as filhas, matronas e donzelas de suas relações poderiam preencher o poço sem fundo de minha luxúria. E o meu desejo derrubaria todos os impedimentos sequiosos de moderação que viessem contrapor-se ao meu apetite. Melhor Macbeth reinar que um homem assim.

Macduff – Uma intemperança assim, que não conhece fronteiras, é uma tirania da Natureza. Já causou o esvaziamento precoce de auspiciosos tronos, e a queda de muitos Reis. Mas, por ora, não receie tomar posse daquilo que é seu. O senhor pode em muito espaço dar vazão sigilosa a seus prazeres e, ainda assim, parecer frio. O senhor tem como ludibriar todo o mundo, todo o tempo: temos bastantes damas condescendentes. O abutre que o senhor diz haver dentro de si não dará conta de devorar todas as que desejarão dedicar-se à grandeza quando notarem que a grandeza por elas tem uma inclinação.

Malcolm – Com isso, cresce em meu caráter desequilibrado uma avareza desmedida, um desejo de ser Rei para mandar matar os Nobres, destituí-los de suas terras, cobiçar as joias de um, a casa de outro. E, quanto mais eu tivesse, tudo não passaria de condimento perfumado, despertando-me a fome ainda mais, até eu forjar conflitos injustos contra os homens honestos e leais, destruindo-os por conta de suas riquezas.

Macduff – Encontra-se enterrada mais no fundo, essa avareza. Ela cresce com raiz mais perniciosa que a luxúria do verão da existência, e foi a verdadeira espada que liquidou com nossos Reis assassinados. Mas, por ora, não receie. A Escócia colhe abundantes safras, suficientes para satisfazer sua ganância tão somente com o que é seu de direito. Isso tudo é tolerável no senhor, são coisas compensáveis com suas virtudes.

Malcolm – Mas se não as tenho! As virtudes adequadas a um Rei, tais como a justiça, veracidade, temperança, equilíbrio, generosidade, perseverança, compaixão, humildade, devoção, paciência, coragem, firmeza... delas não tenho o menor sinal. Por outro lado, conheço todas as variações de cada crime separadamente, e pratico-as de muitas maneiras. Ora, tivesse eu poder e despejaria o doce néctar da concórdia nos quintos do Inferno, tumultuaria a paz universal, destroçaria toda e qualquer unidade sobre a face da Terra.

Macduff – Ó Escócia, Escócia!

Malcolm – Se um homem assim é digno de governar, diga-me o senhor. Eu sou como me descrevi.

Macduff – Digno de governar? Não, e nem de viver. Ó nação miserável, governada por um Tirano sem direito ao trono, Tirano que carrega na mão um cetro coberto de sangue, quando tu verás tuas áureas épocas novamente? Quando o herdeiro legítimo de teu Trono, por interdição por ele mesmo decretada, apresenta-se como um condenado e atira blasfêmias contra sua própria estirpe? – Seu Augusto Pai, senhor, foi um santo Rei.

A Rainha que o trouxe a este mundo, mulher que vivia mais de joelhos que de pé, para livrar-se das tentações, rezava todos os dias de sua vida. Adeus! Esses pecados de que o senhor acusa a si mesmo tiveram o poder de banir-me da Escócia. Ó meu coração, tuas esperanças encerram-se aqui.

MALCOLM – Macduff, essa sua nobre emoção, filha da integridade, lavou de minha alma os sombrios escrúpulos, reconciliou os meus pensamentos com a sua saudável lealdade e sua honra. O diabólico Macbeth, por muitos desses ardis, tem buscado colocar-me sob seu jugo. É um raciocínio cauteloso, o que me impede de confiar nos outros cedo demais. Mas Deus, lá de cima, faz a intermediação entre mim e sua pessoa. E neste exato momento coloco-me sob sua orientação e desminto minha própria detração. Repudio as máculas e culpas que infligi a mim mesmo, por estranhas à minha natureza. Não conheço mulher, jamais cometi perjúrio, mal cobicei o que era meu de direito, em nenhum momento perdi a fé, não denunciaria nem mesmo o Demônio aos seus companheiros, e tenho tanto amor à verdade quanto à vida. Minhas primeiras palavras mentirosas foram as que lhe disse sobre mim mesmo. Na verdade, sou fielmente um comandado seu e de minha pobre Pátria, para onde estava indo, antes que o senhor aqui chegasse, o velho Siward com dez mil soldados prontos para a batalha, e prontos para partir. Agora partiremos todos juntos, e que se equiparem nossas chances de vitória com a justeza de nossa causa. Por que está o senhor em silêncio?

Macduff – Tais boas-vindas... e coisas malvindas ao mesmo tempo... são difíceis de reconciliar.

[*Entra um Médico.*]

Malcolm – Bem, continuamos nossa conversa mais tarde. – Pergunto-lhe: o Rei vem vindo?

Médico – Sim, meu senhor. Há uma horda de desditosas almas esperando pela cura de nosso Rei. A enfermidade de que padecem vem derrotando os mais altos esforços da arte médica. Mas, ao toque das mãos do Rei, tal é a santidade que o Céu nelas depositou, eles saram num instante.

Malcolm – Agradecido, doutor.

[*Sai o Médico.*]

Macduff – A que doença refere-se ele?

Malcolm – Chamam-na de "o mal do Rei". E um trabalho nada menos que miraculoso vem realizando esse bom Rei, o que pude testemunhar muitas vezes desde que aqui me encontro, na Inglaterra. Como ele invoca os Céus, só ele sabe. Mas pessoas afligidas das mais estranhas doenças, inchadas, cobertas de úlceras, lastimáveis de se ver, um total desespero para qualquer médico, ele cura, pendurando-lhes ao pescoço uma medalha de ouro e pronunciando suas orações sagradas. Conta-se que os futuros reis, seus sucessores, hão de herdar essa graça divina, o dom de curar. Além desse estranho poder, ele tem o abençoado talento de profetizar, e diversas bênçãos cercam seu Reinado, todas referindo-se a ele como um monarca pleno de graças.

[*Entra Ross.*]

Macduff – Veja quem está chegando.

Malcolm – Patrício meu, mas não o conheço.

Macduff – Meu sempre gentil primo, bem-vindo!

Malcolm – Agora o reconheço. Que o bom Deus possa rapidamente eliminar as circunstâncias que nos tornam estrangeiros um do outro.

Ross – Meu senhor, amém.

Macduff – Continua a Escócia no mesmo lugar?

Ross – Ai de mim, uma pobre pátria! Quase treme, só de pensar em olhar para si mesma. Em vez de nosso berço, terá de ser chamada de nosso túmulo. A ninguém se vê sorrindo, nunca, à exceção daqueles que nada sabem. Soluços e gemidos e gritos dilaceram o ar e passam despercebidos. A tristeza mais violenta parece uma emoção corriqueira. Quando dobram os sinos por algum finado, dificilmente alguém pergunta quem expirou. E expiram-se as vidas dos homens de bem antes de fenecerem as flores de seus chapéus. Morrem antes de adoecer.

Macduff – Relato bastante acurado e, infelizmente, bastante verdadeiro.

Malcolm – E qual seria a mais recente dor?

Ross – A última não tem mais de uma hora de idade e, contando-a, seu narrador corre o risco de ser vaiado, pois cada minuto encarrega-se de parir nova desgraça.

Macduff – E minha esposa, como tem passado?

Ross – Ora, ela está bem.

Macduff – E os meus filhos?

Ross – Também.

Macduff – O Tirano não lhes perturbou a paz?

Ross – Não, eles estavam todos em paz quando deles me despedi.

Macduff – Não me poupes de teu relato: como estão as coisas?

Ross – Quando vim para aqui, a fim de transmitir-lhe as notícias que tanto me pesam, corria um boato de que muitos bravos, homens valorosos, tinham pegado em armas. Nesses rumores passei a acreditar quando vi, eu mesmo, as forças do Tirano em marcha. É chegada a hora de prestar auxílio. – Vossa presença na Escócia transformaria homens em soldados, faria nossas mulheres lutar, tudo para livrarem-se de suas lúgubres aflições.

Malcolm – Que lhes sirva de consolo a notícia de que estamos para lá nos dirigindo. A generosa Inglaterra cedeu-nos dez mil homens e o bom Siward, o soldado mais antigo e mais experiente de toda a Cristandade.

Ross – Quisera eu poder responder a esse consolo com outro de igual quilate. Mas minhas palavras são de tal feição que devem ser urradas ao vento árido, onde ouvidos não possam apreendê-las.

Macduff – A que dizem respeito: nossa causa comum, ou é dor privada a atingir um único peito?

Ross – Nenhum homem de mente honesta há de se esquivar de ver sua parte nesse infortúnio, mas a maior parte é sua e de mais ninguém.

Macduff – Se é minha, não a escondas. Vamos, rápido, dize-me tudo em alto e bom som.

Ross – Que os seus ouvidos não passem a desprezar para sempre minha voz, pois esta vai tomá-los de assalto com os sons mais pesados que já ouviram.

Macduff – Hmm, já imagino o que seja.

Ross – O seu Castelo foi assaltado, sua esposa e filhos brutalmente assassinados. Relatar-lhe em detalhes como tudo se deu seria o mesmo que acrescentar ao abate desses bichinhos amados e inocentes o seu próprio passamento, senhor.

Malcolm – Piedade, meu Deus! – Mas o que é isso, homem? Jamais cubra os olhos com seu chapéu. Ponha em palavras o seu sofrimento. A dor que não fala termina por sussurrar a um coração sobrecarregado, pedindo-lhe a explosão.

Macduff – Meus filhos também?

Ross – Esposa, filhos, criados, tudo que fosse encontrado pela frente.

Macduff – E precisava eu estar longe? Minha esposa também, assassinada?

Ross – Foi o que eu disse.

Malcolm – Console-se. Façamos para nós mesmos um grande remédio a partir de nossa grande vingança, e que esta venha curar tua irreconciliável dor.

Macduff – Ele não tem filhos. – Todos os meus lindos rebentos? Disseste "todos"? – Ah, que abutre, que demônio, que ave de rapina! – Todos? Mas como pode ser? Todos os meus mimosos filhotinhos? E a fêmea-mãe, todos com uma única e cruel arremetida?

Malcolm – Enfrente isso como um homem.

Macduff – Isso eu farei. Mas também devo sentir isso como o homem que sou. Não tenho como evitar a lembrança das pessoas que até há pouco eram, e eram o que de mais precioso havia para mim. Os Céus testemunharam uma tal atrocidade e não se dignaram a tomar partido? Pecador és tu, Macduff, e por teus erros eles foram assassinados. Embora eu seja nada, não foi por deméritos deles, e sim meus, que abateu-se sobre suas almas esse massacre. Que o Céu agora os faça descansar.

Malcolm – Que essa seja a pedra onde o senhor vai amolar a sua espada. Deixe a dor converter-se em raiva. Não deixe ficar brando o coração; antes, faça com que ele se enfureça! Não de uma fúria cega, mas que seja ela bem dirigida, bem afiada, cortante.

Macduff – Ah, bem que eu podia agora fazer papel de mulher com meus olhos e, ao mesmo tempo, discursar como um valentão com minha língua. Ó Céu caridoso, fazei com que seja curto o intervalo. Colocai-nos face a face, a mim e a esse inimigo da Escócia. Posicionai-o ao alcance de minha espada e, se ele escapar, que Deus o perdoe também.

Malcolm – Essa toada sim, soa-me varonil. Venha, vamos ter com o Rei. Nossas forças encontram-se prontas. Não nos falta nada, a não ser partir. Macbeth está maduro, e só falta quem sacuda o galho e o faça cair. Os poderes divinos têm em nossas armas os seus instrumentos. Console-se o senhor conosco o quanto lhe for possível. Só será longa a noite que nunca encontrar o dia.

QUINTO ATO

CENA I

Dunsinane. Um aposento no Castelo.

Entram um Médico e uma Dama de Companhia.

Médico – Por duas noites velei, juntamente com a senhora, mas não consigo perceber nenhuma verdade no seu relatório. Quando foi a última vez que ela caminhou dormindo?

Dama de companhia – Depois que Sua Majestade foi para os campos de batalha, eu a vi levantar-se da cama, jogar o roupão sobre si, com a chave destrancar a arca e dela tirar papel, depois do que dobrou o papel, nele escreveu, leu o escrito, lacrou-o e de novo voltou à sua cama. E, todo esse tempo, estava ela num sono profundo.

Médico – Uma grande perturbação na natureza da pessoa, receber simultaneamente o benefício do sono e perpetrar atos de quem está em vigília. Nessa agitação durante o sono, além de caminhar e executar outras atividades, o que (se alguma vez) a senhora ouviu ela dizer?

Dama de companhia – Coisas, senhor, que não vou repetir sem o consentimento dela.

Médico – Para mim a senhora pode repeti-las, e seria bastante apropriado que o fizesse.

Dama de companhia – Não repito o que ouvi, nem para o senhor nem para ninguém, pois que não tenho testemunha que confirme minhas palavras.

[*Entra Lady Macbeth, com uma vela acesa na mão.*]

Veja o senhor, aí vem ela. É bem assim que ela aparece, desse jeito, e, por minha alma, ela está dormindo, profundamente. Observe-a, sem que ela o perceba.

Médico – Como conseguiu ela essa luz?

Dama de companhia – Ora, estava ao lado dela. Sempre há alguma luz ao seu lado, ininterruptamente. São ordens de minha senhora.

Médico – Como a senhora pode ver, ela está de olhos abertos.

Dama de companhia – Sim, mas eles estão fechados para o sentido da visão.

Médico – O que é isso que ela faz agora? Veja como esfrega as mãos.

Dama de companhia – Esse é um movimento rotineiro com ela, quando parece estar lavando as mãos. Já a vi insistir nessa gesticulação por um quarto de hora.

Lady Macbeth – Mesmo assim, ainda há aqui uma mancha.

Médico – Escute! Ela está falando alguma coisa. Vou anotar o que ela diz, para depois confirmar a lembrança de suas palavras com mais certeza.

Lady Macbeth – Sai, mancha maldita! Sai, estou dizendo. Um, dois... ora, mas então é este o momento de se fazer a coisa. O Inferno é tão escuro! Que vergonha, senhor meu marido! Que vergonha: um soldado, e com medo? Haveríamos de ter medo do quê? Quem é que vai saber, quando ninguém tem poder para obrigar-nos a contar como nós chegamos ao poder? E, ainda assim, quem poderia adivinhar que o velho tinha tanto sangue dentro das veias?

Médico – A senhora ouviu isso?

Lady Macbeth – O Barão de Fife era casado. Onde estará agora a esposa dele? Mas será que estas mãos não estarão jamais limpas? Basta, meu Senhor, vamos parar já com isso. Pões tudo a perder com esses teus sobressaltos.

Médico – Meu Deus! Meu Deus! Está-se ouvindo o que não é para nossos ouvidos.

Dama de companhia – Ela falou o que não devia, disso tenho certeza. Só Deus sabe o que ela ainda não contou.

Lady Macbeth – Aqui está, ainda agora, este fedor de sangue. Nem todos os perfumes das Arábias conseguirão perfumar esta mãozinha. Ai, ai, ai...

Médico – Que suspiro, tão profundo! O coração lhe pesa, doído.

Dama de companhia – Eu não carregaria assim no peito coração tão machucado, nem por todo o valor da pessoa inteira.

Médico – Ora, vamos, está tudo bem.

Dama de companhia – Reze a Deus para que assim seja, doutor.

Médico – Essa enfermidade está além de meus conhecimentos. Entretanto, conheci pessoas que caminhavam durante o sono e que morreram santamente em suas camas.

Lady Macbeth – Lava tuas mãos, veste teu camisolão, não te apresentes com o rosto tão pálido. Estou te dizendo, uma vez mais, Banquo está morto e enterrado. Ele não tem como sair da cova.

Médico – Até mesmo isso?

Lady Macbeth – Para a cama, para a cama! Alguém bate à porta. Vem, vem! Vem de uma vez, dá-me tua mão. O que está feito, feito está, e não tem volta. Para a cama, para a cama, para a cama!

[*Sai Lady Macbeth.*]

Médico – Agora ela volta à cama?

Dama de companhia – Diretamente.

Médico – Sussurram-se coisas indecentes por aí. Atos que vão contra a Natureza geram problemas antinaturais. Mentes infectadas descarregam seus segredos em seus surdos travesseiros. Mais precisa ela de ajuda espiritual que de ajuda médica. – Deus, Senhor meu Deus, perdoai-nos a nós todos. – Cuide bem dela, minha boa senhora. Mantenha-a longe de todos os expedientes dos quais ela possa se valer para causar mal a si própria, e, mesmo assim, tenha-a sempre sob sua vigilância. Agora, então, boa noite. Minha mente ela confundiu, e minha visão ela assombrou. Penso coisas que não ouso pronunciar.

DAMA DE COMPANHIA – Meu bom doutor, uma boa noite.

[*Saem.*]

CENA II

No campo, em local próximo a Dunsinane.

Entram, precedidos de tambor e bandeiras, Menteith, Caithness, Angus, Lennox, Soldados.

MENTEITH – As forças da Inglaterra aproximam-se, lideradas por Malcolm, seu tio Siward e o bom Macduff. Neles arde a vingança. As causas que lhes são caras incitam ao derramamento de sangue e chamam a empunhar armas até mesmo os mortos.

ANGUS – Perto do Bosque de Birnam com certeza os encontraremos. É por esse lado que se aproximam.

CAITHNESS – Alguém sabe se Donalbain vem com o irmão?

LENNOX – É certo que não, senhor. Tenho comigo uma lista de toda a nobreza que se apresentou. Temos o filho de Siward, e muitos jovens ainda imberbes, que já agora vem asseverar sua iniciação nas coisas viris.

MENTEITH – O que está fazendo o Tirano?

CAITHNESS – Fortificando ao máximo o grande castelo de Dunsinane. Alguns dizem que ele está louco. Outros, que por ele sentem menos ódio, chamam àquilo de fúria destemida, mas o certo é que ele não consegue mais controlar as rédeas de sua desnorteada situação.

ANGUS – Num segundo, ele sente seus assassinatos secretos suando-lhe as palmas das mãos. Noutro segundo, são seus súditos, insurgindo-se a toda hora e censurando sua perfídia. Os que estão sob seu comando movem-se por obediência, e não por amor. E agora ele começa a sentir que seu título pende, frouxo, sobre sua pessoa, como o manto de um gigante sobre um ladrão nanico.

MENTEITH – Quem então poderá censurar-lhe quando seus nervos, perturbados, levam-no a sobressaltar-se uma vez e outra vez e de novo? Quando isso tudo está dentro dele, condenando-se por ali estar?

CAITHNESS – Bem, prossigamos em nossa marcha, para prestarmos obediência a quem verdadeiramente a merece. Encontremo-nos com o médico desta terra enferma, e, com ele, iremos purgar nossa pátria, deitando sobre ela toda e cada gota de nosso sangue.

LENNOX – Ou pelo menos todo o sangue que se fizer necessário para orvalhar a flor soberana e afogar as ervas daninhas. Realizemos nós a nossa marcha em direção a Birnam.

[*Saem, marchando.*]

CENA III

Dunsinane. Um aposento no castelo.

Entram Macbeth, o Médico e Serviçais.

Macbeth – Não me tragam mais informes. Deixem: eles que fujam, todos! Até que o Bosque de Birnam mude-se para Dunsinane, eu não posso deixar-me estragar pelo medo. Quem é esse menino, esse Malcolm? Não nasceu ele de uma mulher? Os espíritos que conhecem todas as mortais causas e consequências pronunciaram-se assim, no meu caso: "Não temas, Macbeth; nenhum homem nascido de mulher terá poder sobre ti". Portanto, fujam, Barões, seus falsos, e tratem de misturar-se com os epicuristas ingleses. As ideias que me orientam e o coração que carrego em mim jamais se curvarão ante a dúvida, jamais se agitarão de medo.

[*Entra um Criado.*]

Que o Diabo te amaldiçoe e vires negro, seu bobalhão, cara de mingau. De onde tiraste essa palidez insossa, esse olhar de pato?

Criado – Tem dez mil...

Macbeth – Dez mil patos, escravo?

Criado – Dez mil soldados, Senhor.

Macbeth – Vai picar a tua cara, tinge de vermelho esse teu medo, e vê que teu fígado fique exangue, branco como um lírio, moleque! Que soldados, palhaço? Nêmesis de tua alma, essas tuas bochechas da cor de lençóis não fazem mais que incitar ao medo. Que soldados, cara de linho curado?

Criado – As forças inglesas, para satisfatoriamente responder à pergunta de Vossa Majestade.

Macbeth – Tira essa tua cara da minha frente, e logo!

[*Sai o Criado.*]

Seyton! – Sinto-me nauseado quando contemplo... – Seyton! – Estou dizendo, essa arremetida dos ingleses coroa-me de alegrias para sempre ou destrona-me de uma vez. Já vivi bastante, e os rumos de minha vida me trouxeram até a senescência, às folhas que se vão amarelando. E o que deveria acompanhar a velhice, coisas tais como o respeito, o amor, a obediência, o grande número de amigos, a mim é vetado desejar. Em vez disso, esperam-me maldições: não grandes pragas gritadas em voz alta, mas maldições sutis, profundas, elogios sussurrados da boca para fora e que este pobre coração gostaria de recusar, mas a tal não se atreve. – Seyton!

[*Entra Seyton.*]

Seyton – Quais são os vossos desejos, graciosa Majestade?

Macbeth – Quais são as últimas novas?

Seyton – Confirma-se tudo aquilo, meu Senhor, que foi relatado.

Macbeth – Lutarei, até que de meus ossos minha carne tenha sido arrancada. Alcance-me minha armadura.

Seyton – Ainda não há necessidade para isso.

Macbeth – Vestirei minha armadura. Que saiam daqui mais cavaleiros, que eles percorram o país, que se enforquem todos quantos falarem de medo. Alcance-me minha armadura. – Como tem passado sua paciente, doutor? Ainda enferma?

Médico – Nem tanto enferma, Majestade, mas sim perturbada por fantasias que se sobrepõem umas às outras e que a impedem de repousar.

Macbeth – Cure-a disso, doutor. Não pode o senhor ministrar-lhe remédio para sua mente adoentada, arrancar-lhe da memória dor enraizada, apagar de seu cérebro as preocupações ali gravadas? Com algum doce antídoto que cause esquecimento, não pode o senhor esvaziar-lhe o peito oprimido das perigosas matérias que lhe pesam sobre o coração?

Médico – Nesses casos, o paciente deve encontrar o seu próprio remédio.

Macbeth – Jogue-se a medicina aos cães! Desse teu saber quero mas é distância! – Vamos lá, vistam-me com minha armadura. Alcancem-me o meu bastão de comando. – Seyton, despache os cavaleiros. – Doutor, os Barões estão fugindo de mim. – Vamos lá, senhor, trate de se apressar. – Se o senhor pudesse, doutor, analisar a urina de meu país, encontrar-lhe a doença e ministrar-lhe um purgante, para que ele recupere o bem-estar, de urinas sadias e transparentes, eu seria o primeiro a aplaudi-lo, até que os ecos de minhas palmas aplaudissem-no também. – Arranque isso fora! Faça o que lhe digo! – Que ruibarbo, sene ou outra droga purgativa promoveria a lavagem desses ingleses de nossas terras? O senhor está sabendo deles?

Médico – Sim, meu bom Rei. Vossos reais preparativos fizeram-me suspeitar de algo assim.

Macbeth – Vamos andando, e traga isso junto. – Não temerei a morte, nem a perdição, pois que o Bosque de Birnam ainda não chegou a Dunsinane.

Médico – [*À parte*] Estivesse eu longe de Dunsinane, são e salvo, e dinheiro algum me arrastaria de volta para cá.

[*Saem.*]

CENA IV

Campo próximo a Dunsinane. Dali enxerga-se um Bosque.

Tambor e bandeiras. Entram Malcolm, Siward, Macduff, o filho de Siward, Menteith, Caithness, Angus, Lennox, Ross e Soldados marchando.

Malcolm – Primos, espero encontrem-se bem próximos os dias em que estarão em segurança nossos quartos de dormir.

Menteith – Acreditamos que sim.

Siward – Que bosque é esse, à nossa frente?

Menteith – O Bosque de Birnam.

Malcolm – Que cada soldado derrube um galho e carregue-o à sua frente. Desse modo, estaremos camuflando, na sombra, o exato número de nosso contingente, e aqueles que levam ao inimigo notícias nossas terão errado em seus cálculos.

Soldados – Assim será feito.

Siward – Tudo o que se sabe é que o confiante Tirano permanece em Dunsinane, o que permite que nos posicionemos em nosso cerco ao castelo.

Malcolm – Ele não tem como esperar por coisa melhor, pois, onde houve oportunidade de escafeder-se, tanto seus maiores quanto seus menores súditos contra ele rebelaram-se, e agora ninguém o serve, exceto umas coisas constrangidas, uns miseráveis de uns recrutados, de corações ausentes.

Macduff – Que nossas justas censuras, senhores, aguardem os reais acontecimentos. Concentremo-nos diligentemente em nossas estratégias militares.

Siward – Vai se aproximando o momento em que teremos uma decisão abalizada, e então seremos conhecedores de nossos deveres e haveres. Ideias especulativas referem-se tão somente à incerteza de esperanças, mas resultados certos devem ser arbitrados por golpes certeiros; só assim a guerra avança.

[*Saem, marchando.*]

CENA V

Dunsinane. No interior do castelo.

Entram Macbeth, Seyton e Soldados, precedidos de tambor e bandeiras.

Macbeth – Desfraldem-se as bandeiras nas muralhas externas. Os gritos cessaram; aí vêm eles. Nosso Castelo, assim reforçado, ri de um cerco desses, de brinquedo. Aqui ficarão, jogados, até consumi-los a fome e a febre. Não tivessem eles recebido reforço daqueles que deveriam ser nossos, nós os teríamos enfrentado sem receio, homem a homem, e os teríamos vencido, mandando-os de volta para casa. – Que barulho é esse?

[*De dentro, ouvem-se gritos de mulheres.*]

Seyton – São gritos de mulheres, meu bom Rei.

[*Sai Seyton.*]

Macbeth – Ia quase me esquecendo do sabor que tem o medo. Já se foi o tempo em que me teria gelado os sentidos ouvir um grito na noite. Era tempo em que meu couro cabeludo teria se eriçado com um relato lúgubre, como se vivo estivesse cada fio de cabelo meu. Mas empanturrei-me de horror, e pavores que se familiarizaram com minhas ideias de carnificina agora já não me fazem nem mesmo piscar.

[*Volta Seyton.*]

Seyton – A Rainha, meu Senhor, está morta.

Macbeth – Ela teria de morrer, mais cedo ou mais tarde. Morta. Mais tarde haveria um tempo para essa palavra. Amanhã, e amanhã, e ainda outro amanhã arrastam-se nessa passada trivial do dia para a noite, da noite para o dia, até a última sílaba do registro dos tempos. E todos os nossos ontens não fizeram mais que iluminar para os tolos o caminho que leva ao pó da morte. Apaga-te, apaga-te, chama breve! A vida não passa de uma sombra que caminha, um pobre ator que se pavoneia e se aflige sobre o palco – faz isso por uma hora e, depois, não se escuta mais sua voz. É uma história contada por um idiota, cheia de som e fúria e vazia de significado.

[*Entra um Mensageiro.*]

Vieste para usar tua língua. Vamos, teu relato, rápido.

Mensageiro – Graciosa Majestade, devo relatar aquilo que posso declarar que vi, porém não sei como fazê-lo.

Macbeth – Bem, meu rapaz, dize o que tens a dizer.

Mensageiro – Estava eu de sentinela no topo da colina, quando olhei para os lados de Birnam e, no instante seguinte, pareceu-me que o Bosque começava a se mover.

Macbeth – Mentiroso! Um escravo, é o que tu és!

Mensageiro – Que sobre mim caia a vossa ira se estou mentindo. Desde aqui, e por três milhas, Vossa Alteza podeis ver o Bosque aproximando-se. Repito-vos, é um arvoredo em movimento.

Macbeth – Se forem falsas as tuas palavras, serás pendurado vivo na árvore que estiver mais à mão, para que a fome encarregue-se de te deixar seco e murcho. Se verdadeiro é teu relato, não me importarei se por mim fizeres o mesmo. Não posso mais deixar de rédeas soltas minha confiança e minha determinação. Começo a desconfiar de como o demônio brinca com as palavras, mentindo como se falasse verdades. "Não temas, não até que o Bosque de Birnam chegue a Dunsinane", e agora um bosque aproxima-se de Dunsinane. – Às armas, às armas, e vamo-nos de uma vez, ao ataque! – Se isso que ele nos afirma apresentar-se aos nossos olhos, não temos como fugir daqui, nem temos como aqui permanecer. Começo a me sentir cansado deste sol, e gostaria que estivesse agora desfeito o estado das coisas. – Toque-se o sino de alarme! Que o vento sopre, que apareça a destruição! Pelo menos a morte nos encontrará envergando nossas armaduras.

[*Saem.*]

CENA VI

Planície diante do Castelo de Dunsinane.

Tambores e bandeiras. Entram Malcolm, Siward, Macduff e seu Exército, com galhos.

Malcolm – Agora chegamos perto o suficiente. Larguem no chão seus folhosos anteparos e mostrem-se como aqueles que vocês são. – O senhor, valoroso tio, irá com meu primo, seu nobre filho, liderar nosso primeiro contingente. – Valoroso Macduff, e nós nos incumbiremos do que mais houver a fazer, de acordo com o nosso plano de campanha.

Siward – Adeus, e boa sorte. Esta noite, ao nos defrontarmos com as forças do Tirano, que seja nossa a derrota se não formos capazes de combatê-los.

Macduff – Que berrem todos os nossos clarins. Emprestem a eles todo o fôlego, a esses clamorosos arautos de sangue e morte.

[*Saem. Os sinos de alarme continuam tocando.*]

CENA VII

Em outro trecho da planície.

Entra Macbeth.

Macbeth – Eles me têm acorrentado a um poste, não posso escapar. Mas, como o urso, preso para que o mordam os cães, devo lutar até o fim. Quem é o homem que não nasceu de mulher? É esse que devo temer, e ninguém mais.

[*Entra o jovem Siward.*]

Jovem Siward – Qual é o seu nome?

Macbeth – Terias medo de ouvir a resposta.

Jovem Siward – Não. Nem mesmo se o nome com que o senhor se apresenta fosse mais quente que qualquer outro no inferno.

Macbeth – Meu nome é Macbeth.

Jovem Siward – O diabo em pessoa não teria pronunciado um título mais odioso que esse seu aos meus ouvidos.

Macbeth – Não. Nem mais temido.

Jovem Siward – Está mentindo, abominável Tirano, e com minha espada provarei a mentira que o senhor proferiu.

[*Lutam, e o jovem Siward morre.*]

Macbeth – És nascido de mulher. E eu zombo de espadas, dou risadas de escárnio diante de armas que me são brandidas por homem parido por mulher.

[*Sai.*]

Tocam os sinos de alarme. Entra Macduff.

Macduff – Deste lado vem o barulho. – Tirano, mostra tua face. Se estás morto e isso não se deu por golpe meu, os fantasmas de minha esposa e filhos hão de me assombrar por toda a eternidade. Não posso golpear esses irlandeses desgraçados e mercenários, cujos braços são pagos para carregar suas lanças. Ou ataco a ti, Macbeth, ou minha espada volta a se embainhar, frustrada, lâmina intacta. Logo ali deves estar. – Com tão grande estrépito, alguém de alta notoriedade parece estar se anunciando. – Fazei com que eu o encontre, ó Destino, e mais não peço.

[*Sai. Tocam os sinos de alarme.*]

Entram Malcolm e Siward.

Siward – Por aqui, meu Senhor. O Castelo gentilmente rendeu-se. Os partidários do Tirano agora já lutam dos dois lados. Os nobres Barões bravamente abraçaram esta guerra. O dia de hoje já está se professando vosso, e agora pouco resta a fazer.

Malcolm – Encontramo-nos com inimigos que entram em combate pela nossa causa.

Siward – Entremos no Castelo, Senhor.

[*Saem. Tocam os sinos de alarme.*]

Entra Macbeth.

Macbeth – Por que deveria eu fazer o papel bobo de um romano e morrer por minha própria espada? Enquanto vejo vidas na minha frente, minhas cutiladas caem melhor sobre os outros.

[*Entra Macduff.*]

Macduff – Vira-te, cão do Inferno, vira-te!

Macbeth – Dentre todos os homens, evitei justamente tua pessoa. Dá volta, vai-te embora, que minha alma encontra-se por demais pesada com o sangue dos teus.

Macduff – Não tenho palavras; minha voz está no fio de minha espada, seu verme sanguinário, mais afiada que todos os nomes que pudessem ofender-te.

[*Lutam. Tocam os sinos de alarme.*]

Macbeth – Perdes teu tempo, teu esforço é vão. Mais fácil seria cortares este impenetrável ar com tua espada aguda que fazer-me sangrar. Faze tua lâmina cair sobre elmos vulneráveis. Eu carrego uma vida enfeitiçada, e a ela não dará fim nenhum homem nascido de mulher.

Macduff – Agora, desespera-te com teu feitiço, e permite que te diga o próprio Anjo de quem és escravo: "Do ventre de sua mãe Macduff foi arrancado à força, antes do tempo".

Macbeth – Amaldiçoada seja a língua que me diz tal coisa, pois fez acovardar-se minha parte mais humana. Que ninguém mais acredite nesses demônios que praticam malabarismos com as palavras, brincam conosco à base de frases ambíguas, sussurram doces promessas em nossos ouvidos para depois não cumpri-las, azedando nossas esperanças. Não entrarei em combate contigo.

Macduff – Então entrega-te, covarde, e vive para ser a atração máxima destas terras, assombro dos tempos. Faremos contigo o que se faz com nossos monstros mais raros: te teremos pintado no topo de um mastro, e embaixo de tua imagem estará escrito "Podeis contemplar aqui o Tirano".

Macbeth – Não me entregarei! Não beijarei o solo diante dos pés do jovem Malcolm, não serei atormentado pelas imprecações da ralé. Mesmo tendo o Bosque de Birnam chegado a Dunsinane, mesmo sendo tu, a quem tenho diante de mim e contra mim, homem que não nasceu de mulher, ainda assim cruzarei armas contigo, até o fim. Empunho, à frente de meu corpo, o meu escudo guerreiro. Ataca, Macduff, e maldito seja o primeiro a gritar "Basta! Eu me rendo!"

[*Saem, batendo-se em duelo. Tocam os sinos de alarme. Soam as trombetas, anunciando rendição. Soam as trombetas novamente, anunciando vitória. Entram, precedidos de tambor e bandeiras, Malcolm, Siward, Ross, Barões e Soldados.*]

Malcolm – Meu desejo era que tivessem chegado, sãos e salvos, os amigos que estão ausentes.

Siward – Alguns, obrigatoriamente, acabam mortos. E, no entanto, por quantos vejo, um dia tão glorioso como este saiu barato.

Malcolm – Estão desaparecidos Macduff e seu nobre filho.

Ross – Seu filho, meu nobre Senhor, teve o heroico fim de um soldado. Viveu o suficiente para se tornar um homem, para em seguida dar provas de seu valor de homem no posto em que combateu, sem recuar, até morrer como um bravo.

Siward – Então ele está morto?

Ross – Sim, e seu corpo já foi removido do campo de batalha. A causa de seu pesar, senhor, não pode ter a dimensão do valor de seu filho, pois, do contrário, ela será imensurável.

Siward – Recebeu ele de frente os seus ferimentos?

Ross – Sim, de frente.

Siward – Pois, então, muito bem: que seja ele um soldado de Deus. Tivesse eu tantos filhos quantos são os fios de cabelo em minha cabeça e não lhes desejaria morte mais bonita que essa. Por ele dobram os sinos, em celebração fúnebre.

Malcolm – Ele é merecedor de maior luto, e disso me encarrego eu.

Siward – Maior luto? Penso que não. Dizem que ele se foi como homem, teve morte de soldado. Sendo assim, que Deus o tenha. – Chega-nos um novo consolo.

[*Entra Macduff com a cabeça de Macbeth.*]

Macduff – Salve o Rei, pois vós o sois. Contemplai onde está posta a cabeça amaldiçoada do usurpador! Agora temos a liberdade de nossos tempos. Vejo-vos cercado pelas pérolas de vosso Reino, que vos saúdam em pensamento através de minhas saudações e cujas vozes eu gostaria estivessem fazendo coro à minha. Salve o Rei da Escócia!

Todos – Salve o Rei da Escócia!

[*Soam as trombetas, anunciando vitória.*]

Malcolm – Não permitiremos que se passe muito tempo e já estaremos retribuindo o amor a nós demonstrado por cada um de vós. Meus Barões e parentes, de agora em diante tendes títulos de Condes, os primeiros que a Escócia nomeia com tal honra. O que se tem mais a fazer, e que deve ser plantado agora, quando germina esta nova era, é chamar de volta para casa nossos amigos que se encontram exilados no estrangeiro, tendo fugido às ciladas de uma cautelosa tirania, e apresentar os cruéis ministros deste carniceiro morto e de sua diabólica Rainha, que (como se acredita) por suas próprias e violentas mãos despediu-se desta vida. Isso, e tudo o mais necessário que é de nossa obrigação, pela graça da Graça Divina, será por nós cumprido na justa medida, hora e lugar. Assim é que agradecemos a todos e cada um dos senhores, convidando-os para a cerimônia de nossa coroação em Scone.

[*Soam as trombetas, anunciando vitória. Saem todos.*]

FIM

SOBRE A TRADUTORA

BEATRIZ VIÉGAS-FARIA é tradutora formada pela Universidade Federal do Rio Grande do Sul (1986), com especialização em linguística aplicada ao ensino do inglês (UFRGS, 1991). Em 1999, concluiu mestrado na Pontifícia Universidade Católica do Rio Grande do Sul em linguística aplicada, com dissertação sobre a tradução de implícitos em *Romeu e Julieta*. Em 2004, concluiu doutorado com tese sobre tradução de implícitos em *Sonho de uma noite de verão* na mesma instituição. Em 2003, realizou pesquisa em estudos da tradução e tradução teatral na University of Warwick, Inglaterra. Começou a trabalhar com traduções de obras literárias em 1993 e, desde 1997, dedica-se também a traduzir as peças de William Shakespeare. É professora adjunta da UFPel. Em 2000, recebeu o Prêmio Açorianos de Literatura pela tradução de *Otelo* e, em 2001, o Prêmio Açorianos de Literatura com a obra *Pampa pernambucano (poesia, imagens, e-mails)*.

Agatha Christie®
Agatha Christie
Testemunha de acusação
e outras histórias
Agatha Christie®
POR QUE NÃO PEDIRAM A EVANS?
L&PM POCKET
Agatha Christie®
FÁCIL
MATAR
L&PM POCKET
Agatha Christie
ASSASSINATO NO EXPRESSO ORIENTE
L&PM POCKET
Agatha Christie®
A NOITE DAS BRUXAS
L&PM POCKET
Agatha Christie®
ORPO NA
BLIOTECA
L&PM POCKET

L&PM POCKET

IMPRESSÃO:

PALLOTTI
GRÁFICA

Santa Maria - RS | Fone: (55) 3220.4500
www.graficapallotti.com.br

Livros de Shakespeare publicados pela **L&PM** EDITORES:

As alegres matronas de Windsor – Trad. de Millôr Fernandes
Antônio & Cleópatra – Trad. de Beatriz Viégas-Faria
Bem está o que bem acaba – Trad. de Beatriz Viégas-Faria
A comédia dos erros – Trad. de Beatriz Viégas-Faria
Como gostais / Conto de inverno – Trad. de Beatriz Viégas--Faria
Hamlet – Trad. de Millôr Fernandes
Henrique V – Trad. de Beatriz Viégas-Faria
Júlio César – Trad. de Beatriz Viégas-Faria
Macbeth – Trad. de Beatriz Viégas-Faria
Medida por medida – Trad. de Beatriz Viégas-Faria
A megera domada – Trad. de Millôr Fernandes
O mercador de Veneza – Trad. de Beatriz Viégas-Faria
Muito barulho por nada – Trad. de Beatriz Viégas-Faria
Noite de Reis – Trad. de Beatriz Viégas-Faria
Otelo – Trad. de Beatriz Viégas-Faria
O rei Lear – Trad. de Millôr Fernandes
Ricardo III – Trad. de Beatriz Viégas-Faria
Romeu e Julieta – Trad. de Beatriz Viégas-Faria
Sonho de uma noite de verão – Trad. de Beatriz Viégas-Faria
A tempestade – Trad. de Beatriz Viégas-Faria
Tito Andrônico – Trad. de Beatriz Viégas-Faria
Trabalhos de amor perdidos – Trad. de Beatriz Viégas-Faria

Leia também:

Guia Cambridge de Shakespeare – Emma Smith
Hamlet (MANGÁ)
Shakespeare de A a Z (Livro das citações) – Org. de Sergio Faraco
Shakespeare – Claude Mourthé (Série Biografias)
Shakespeare – Obras escolhidas
Shakespeare – Série Ouro
Shakespeare traduzido por Millôr Fernandes

William Shakespeare
(1564-1616)

William Shakespeare nasceu e morreu em Stratford, Inglaterra. Poeta e dramaturgo, é considerado um dos mais importantes autores de todos os tempos. Filho de um rico comerciante, desde cedo Shakespeare escrevia poemas. Mais tarde associou-se ao Globe Theatre, onde conheceu a plenitude da glória e do sucesso financeiro. Depois de alcançar o triunfo e a fama, retirou-se para uma luxuosa propriedade em sua cidade natal, onde morreu. Deixou um acervo impressionante, do qual destacam-se clássicos como *Romeu e Julieta, Hamlet, A megera domada, O rei Lear, Macbeth, Otelo, Sonho de uma noite de verão, A tempestade, Ricardo III, Júlio César, Muito barulho por nada* etc.